1

COMMENT
LIRE
LA BIBLE

D1720078

À LA DÉCOUVERTE DE LA BIBLE

1

COMMENT LIRE LA BIBLE

ALFRED KUEN

Éditeurs de Littérature Biblique asbl
Chaussée de Tubize, 479 • 1420 Braine-l'Alleud, BELGIQUE

COMMENT LIRE LA BIBLE
© 2001 par Éditeurs de Littérature Biblique, a.s.b.l.
Chaussée de Tubize, 479 • 1420 Braine-l'Alleud, Belgique

D. 2001/0135/1
Imprimé en Belgique
N° ÉLB: 004 115-7
ISBN: 2-8045-0115-9

Les citations bibliques sont tirées de *La Bible du Semeur* © 1992 Société Biblique Internationale. Avec permission.

1 | LISONS LA BIBLE

LA BIBLE ET MOI

Si vous avez commencé à lire la Bible, vous avez certainement fait l'expérience que Dieu se sert de ces écrits inspirés par son Esprit pour se révéler à nous. Soudain un mot, une phrase nous arrête, nous empoigne, nous fait connaître un aspect nouveau et insoupçonné de la nature ou de la volonté de Dieu. Les mots deviennent alors vraiment «parole vivante» de Dieu pour nous.

Cependant si nous avons entrepris la lecture systématique des Ecritures, nous avons aussi découvert, à côté des paroles claires et des récits au sens limpide, bien des expressions énigmatiques et des pages obscures. A la question «Comprends-tu ce que tu lis?» vous auriez répondu comme ce ministre éthiopien dont nous parle le livre des Actes: «Comment le pourrais-je si je n'ai personne pour me l'expliquer» (Actes 8:31). Or, «toute l'Ecriture est inspirée de Dieu et utile pour enseigner, réfuter, redresser et apprendre à mener une vie conforme à la volonté de

Dieu. Ainsi l'homme de Dieu se trouve parfaitement préparé et équipé pour accomplir toute œuvre bonne» (2 Tim. 3:16-17). Dieu veut nous enseigner par toute sa Parole — même par ses pages obscures.

Si nous nous contentons de lire les passages faciles, nous ne dépasserons guère une connaissance superficielle de Dieu et de son plan. La Bible elle-même nous dit que Dieu se fait connaître à ceux qui le cherchent de tout leur cœur (Jér. 29:13). Salomon avertit son fils: «Si tu prêtes une oreille attentive à la sagesse, en inclinant ton cœur à l'intelligence... si tu la recherches comme de l'argent, si tu creuses pour la trouver comme pour découvrir un trésor, alors tu comprendras ce qu'est révérer l'Eternel et tu apprendras à connaître Dieu» (Prov. 2:2-5).

Jésus parle de «sonder les Ecritures». Il a lui-même prouvé, à maintes reprises, qu'il avait médité attentivement les écrits de l'ancienne alliance. L'apôtre Paul conseille à son jeune disciple Timothée de «s'appliquer» à la lecture de l'Ecriture.

La Bible n'est pas un livre facile, elle ne se lit pas comme un journal ou un roman. Elle est comme ce trésor caché ou cette perle auxquels Jésus compare le royaume de Dieu. Elle découvre ses richesses à ceux qui consentent à l'effort nécessaire et, dans cette recherche, tels de «bons et fidèles serviteurs», font valoir les talents que Dieu leur a confiés.

Nous sommes habitués, par notre civilisation «presse bouton» à obtenir sans effort ce que d'autres générations gagnaient au prix d'un labeur inlassable. C'est pourquoi nous sommes déçus lorsqu'une lecture superficielle de la Bible ne nous apporte pas les bénédictions espérées. Mais le domaine spirituel est rebelle à la mécanisation, il refuse ses fruits à celui qui lui ménage ses efforts. Si je veux que ma Bible devienne pour moi – et pour ceux que Dieu place sur mon chemin – une véritable source de bénédictions, il faut que je sois prêt à consacrer le meilleur de mon temps libre à sa lecture et à sa méditation, à réserver la primeur de mes forces intellectuelles à son étude et à mettre en pratique ce que j'aurai découvert. Tous les serviteurs dont Dieu a béni l'activité ont consacré une part importante de leur temps et de leurs efforts à la méditation et à l'étude des Ecritures.

Dieu nous a donné sa Parole. Après la «Parole incarnée», son Fils unique, c'est son cadeau le plus précieux à l'humanité. Mais cela ne suffit pas. Il y a la Bible – et moi.

Comme Jésus-Christ ne devient mon Sauveur que si je saisis par un acte de foi personnel son œuvre expiatoire, ainsi la Bible ne devient source de bénédictions pour moi que si je consens à faire l'effort personnel nécessaire pour m'assimiler le message que Dieu y a déposé.

Comment la méditer et l'étudier? Il ne suffit pas d'être convaincu de la nécessité de l'effort pour savoir dans quel sens l'orienter. Après que le ministre éthiopien eut confessé son incapacité d'arriver seul à comprendre l'Ecriture, Philippe s'est assis à côté de lui pour le guider dans sa lecture et sa compréhension du texte biblique. Ce livre aussi voudrait être un guide pour conduire dans leur méditation et leur étude ceux qui sont décidés à percevoir la voix de Dieu dans sa Parole. Il s'adresse à la fois à ceux qui abordent l'Ecriture pour la première fois et à ceux qui la lisent depuis des années.

Ce livre ne remplace donc pas la réflexion personnelle, il voudrait au contraire la stimuler en montrant, par des exemples pris dans l'ensemble des Ecritures, comment méditer ou étudier chaque genre biblique. Par le choix de textes considérés comme insignifiants ou hermétiques, il voudrait encourager ceux qui portent la responsabilité d'un «ministère de la Parole» ou participent à un groupe d'études bibliques, à creuser dans des terrains apparemment plus arides.

MA BIBLE

CONSEILS POUR L'ACHAT ET L'UTILISATION

Dieu a jugé utile de consigner sa révélation dans un livre (Exode 17:14; Deut. 31:26; Mal. 3:16). Ainsi nous est-elle toujours accessible. La plupart des chrétiens du 21ème siècle jouissent à cet égard d'un privilège incontestable: chacun peut posséder sa Bible et la lire à tout moment.

Avant de parler de l'étude et de la méditation de son contenu, voici quelques conseils pratiques concernant l'achat et l'utilisation de votre Bible.

1. Votre Bible est l'un de vos trésors les plus précieux. Si un jour vous deviez partir en n'emportant qu'un livre, c'est celui-là que vous prendriez. N'hésitez donc pas à dépenser quelques francs de plus pour disposer d'une bonne Bible d'étude. Utilisez l'ancien exemplaire à la recherche de références, à la méditation d'un sujet particulier en l'annotant de manière spéciale. Vous pouvez aussi le prêter ou le donner.

2. Choisissez une Bible de format moyen: trop petite, ses caractères sont difficiles à lire et il n'y a pas de place pour annoter; trop grande, vous hésiteriez à l'emporter, elle se manie moins facilement (pour la recherche des références). Le bon format se situe entre 10 x 13 et 13 x 17 cm.

3. Ne vous laissez pas trop tenter par les Bibles minces si vous désirez mettre des annotations: le papier ne les supporterait pas. Choisissez un papier solide et opaque sur lequel vous pourrez écrire au stylo à bille sans risque de le trouer ou de rendre le verso illisible.

4. Achetez une Bible à la reliure solide. Sinon au bout de quelques années, ses pages ne tenant plus, vous serez contraint de remplacer cet instrument de travail précieux par vos annotations. Une Bible usagée se relie très difficilement: les dos des cahiers sont usés, les marges trop petites ne permettent pas de rogner le livre. Les Bibles reliées cuir sont plus résistantes que les autres. La couverture à rabats débordants protège la tranche, mais s'abîme plus vite.

5. Les onglets indiquant le début des différents livres bibliques rendent leur recherche plus rapide, surtout lorsque l'on n'est pas encore familiarisé avec la table des matières. Il y a mieux pourtant. Consacrez quelques minutes par jour, pendant une ou deux semaines, à apprendre par cœur la liste des livres bibliques (on connaît le procédé mnémonique employé pour inculquer la succession des épîtres de Paul aux enfants: Rococo Galéphico Thes Thes Tititi Philémon). Au bout de peu de temps, vous trouvez les références aussi vite dans une Bible sans

onglets et risquez moins de déchirer le bord du papier. D'autre part les échancrures rapetissent considérablement l'espace marginal utilisable pour les annotations.

6. Achetez tout de suite une Bible à parallèles, elle vous rendra de bien meilleurs services qu'une autre. Nous verrons dans cet ouvrage comment l'utiliser. Il existe deux systèmes de Bibles à parallèles: dans l'un (Société biblique de Genève, Bible d'étude du Semeur) on indique les parallèles du verset en question, dans l'autre (Bible Thompson, Bible Scofield), on donne une «chaîne de références» dans laquelle s'insère le verset. Le premier système permet d'accéder plus rapidement aux parallèles les plus significatifs, même s'ils se trouvent dans des livres de l'autre Testament. Dans le système de «chaînes de références», il faut parcourir toute la chaîne pour trouver tous les passages parallèles. Ces Bibles se prêtent mieux à une étude d'un thème à travers toutes la Bible. Si vous achetiez d'abord une Bible ordinaire et une à parallèles plus tard, vous perdriez au moment du changement tout le bénéfice de la mémoire visuelle qui enregistre la place des passages qui vous ont frappé – et c'est bien pratique de pouvoir retrouver rapidement une parole biblique appropriée au cours d'un entretien ou d'une étude.

7. Il existe aujourd'hui un grand nombre de versions aussi bien du côté protestant (Segond, Colombe, Segond 2, Synodale, Darby, Semeur), catholique (Jérusalem, Maredsous, P. de Beaumont) — que juif (Chouraqui) ou œcuménique (Bibles en français courant, en français fondamental, Traduction œcuménique de la Bible).[1]

Les versions «à équivalence fonctionnelle» basées sur le sens (Français courant, Semeur, Parole de vie) sont plus compréhensibles, les autres («à équivalence formelle») sont plus proches de la forme de l'original. Commencez votre lecture de l'Ecriture par une Bible de la première catégorie.

S'il est bon de se servir toujours de la même version et de la même disposition typographique pour sa Bible d'étude, cela

---

1   Voir A. Kuen: *Une Bible et tant de versions* pp. 181-188 pour une comparaison de quelques textes dans les principales versions.

ne veut pas dire qu'il faille s'en tenir à une seule traduction. Au contraire, dans les passages difficiles il sera bon de consulter le plus grand nombre possible de versions différentes.

8. La Bible devient surtout *ma Bible* à partir du moment où je l'annote. Notre respect du texte sacré ne doit pas nous empêcher de le personnaliser en soulignant ce qui nous a particulièrement parlé. Annotons toutefois avec discrétion et méthode sans barioler le texte jusqu'à le rendre illisible. Utilisons des stylos à bille ou des crayons de couleur, mais pas de stylos feutres qui traversent généralement le papier bible. Nous donnerons plus loin quelques conseils sur la manière de souligner et d'annoter sa Bible.

9. Notez dans votre Bible un certain nombre de renseignements qu'il est utile d'avoir à disposition: références concernant le chemin du salut, liste de passages sur la prière, le Saint-Esprit, l'Eglise... dates de rédaction, preuves d'authenticité, thèmes essentiels, plan du livre... Entre les lignes, l'explication d'un mot, le sens d'un nom propre, la date d'un événement, un parallèle supplémentaire (trouvés dans une autre version ou dans un commentaire)... Il est évident que nous ne pourrons consigner ces renseignements que dans une Bible suffisamment grande, aux marges spacieuses.

10. Souvenez-vous enfin que votre Bible vous fera un long usage si vous la traitez avec soin et respect: la position couchée lui convient mieux que la station debout, sa reliure souffre moins. Ne la feuilletez pas avec des mains sales ou grasses: la sueur jaunit le papier. Rappelez-vous aussi que votre Bible craint l'humidité: ne l'ouvrez pas sous la pluie et ne l'oubliez jamais – comme moi – sur un banc par une nuit d'orage. Ne vous en servez ni comme porte-documents, ni comme presse-fleurs. Les Huguenots du temps de la Réforme et les chrétiens chinois auraient certainement beaucoup à nous apprendre sur la façon de manier la Bible.

NOTRE LECTURE DE LA BIBLE

LE LIVRE LE PLUS RÉPANDU...

Depuis l'invention de l'imprimerie, la Bible est restée le best-seller mondial. Plus de 2 milliards de Bibles et Nouveaux Testaments en 2300 langues ont été répandus à travers le monde. La Société biblique à elle seule en diffuse 35 millions par an. Sa lecture semble donc répondre à un intérêt général et durable de l'homme, quelle que soit sa race, sa langue ou sa culture.

Chacun de nous aimerait connaître la Bible. N'est-ce pas le livre dans lequel Dieu nous expose sa pensée et son plan de salut pour les hommes? Ne dit-on pas qu'il contient la réponse à tous nos problèmes, la clé du bonheur et d'une vie spirituelle intense? N'est-il pas indispensable, également du point de vue littéraire et culturel, de se familiariser avec son contenu? Pourtant, il faut l'avouer, bien peu de gens, même dans notre Occident «chrétien» où ce livre est accessible à tous, le connaissent vraiment bien. Même parmi les chrétiens «pratiquants» combien l'ont lu en entier?

...ET LE MOINS LU

Pourquoi? Beaucoup d'entre vous ont peut-être fait cette expérience: ayant pris, un jour, la résolution de lire leur Bible en entier, ils se sont attaqués courageusement à la tâche; la Genèse se lit facilement, puis vient le livre de l'Exode: tout va bien jusqu'au chapitre 20. Au chapitre 21 on tombe dans un code de lois dont la lecture devient fastidieuse, au chapitre 26 commence la description détaillée du Tabernacle: dimensions des tapis, des planches, du parvis, description des vêtements sacerdotaux, composition de l'huile sainte et du parfum... on commence à survoler le texte. Lévitique: rien que des lois sur les sacrifices, les animaux purs et impurs, les fêtes juives... Dans le livre des Nombres: des généalogies sans fin et toujours des lois cérémonielles avec quelques rares récits éparpillés. Deutéronome: toujours des lois. Découragé, on a mis sa Bible de côté: que nous importent ces réglementations du culte juif, ces prescriptions morales d'un petit peuple nomade, ces listes d'ancêtres inconnus?

Peut-être a-t-on ouvert un peu plus loin: Josué, Juges, I Samuel... Là une autre difficulté nous attend: que signifient ces guerres, ces ruses et ces mensonges de la part du «peuple élu»? Passons encore plus loin: ouvrons les livres des Psaumes ou des Prophètes. Là surgissent des expressions difficiles, des images hermétiques pour nous, des pensées qui nous scandalisent («Je les hais d'une parfaite haine... Détruis-les et qu'ils ne soient plus»).

Désormais on n'ouvre plus la Bible qu'au hasard, un peu comme on prend un billet de loterie: si on a de la chance, on trouvera une parole édifiante. Peut-être, dans ces dispositions découvrira-t-on un jour un recueil de textes et de mots d'ordres ou un calendrier qui nous dispensera de cette recherche fastidieuse. C'est ainsi que beaucoup de chrétiens ont renoncé pour de bon à leur intention de lire la Bible – se privant du même coup de la découverte des trésors que Dieu tient en réserve pour nous.

LES DIFFICULTÉS

Avant de nous lancer dans la lecture de la Bible, il nous faut être bien conscients des difficultés de cette entreprise sur le plan spirituel comme sur le plan humain. La Bible n'est pas un livre quelconque: c'est le Livre dans lequel Dieu nous parle, par lequel il peut nous amener au salut et nous conduire à une vie conforme à son Plan. Le lire, c'est donc contrecarrer le plan des forces hostiles à Dieu: celles-ci ne demeureront pas inactives, mais chercheront par tous les moyens à déranger notre lecture ou à nous empêcher de la faire. Quelqu'un disait: «Si vous arrivez à lire votre Bible aussi tranquillement que votre journal, le diable n'existe pas.» Notre lecture de la Bible est donc, en premier lieu une lutte spirituelle. Le thème essentiel de la Bible constitue en lui-même une autre source de difficultés: on ne parle pas de Dieu et des réalités spirituelles comme d'un paysage ou d'un moteur. Le langage sera forcément figuré et approximatif, le style souvent abstrait.

Les difficultés d'ordre littéraire ne sont pas moindres: un livre écrit pas une quarantaine d'auteurs et dont la rédaction s'échelonne sur plus de 16 siècles ne se lit pas comme l'œuvre d'un écrivain unique. Ajoutez à cela la diversité d'origine et de condition de ces auteurs (berger, rabbin, roi, pêcheur, médecin...), la variété des genres littéraires et le fait que les écrits les plus récents datent d'il y a près de 2000 ans!

Ne soyons donc pas étonnés si la lecture de la Bible exige de nous un certain effort.

Cet effort, nous le trouvons naturel et nous le consentons dans n'importe quel autre domaine: acquisition de connaissances, apprentissage d'un métier, entraînement sportif: pourquoi le refuserions-nous lorsqu'il s'agit des biens les plus précieux?

L'expérience prouve que des gens simples peuvent, sans études spéciales, comprendre la Bible s'ils réalisent les conditions spirituelles et intellectuelles voulues et s'ils abordent sa lecture avec sagesse et méthode.

CONDITIONS SPIRITUELLES

La première condition d'une lecture fructueuse de la Bible est le désir sincère d'entendre Dieu nous parler. Cette condition vaut aussi bien pour le croyant que pour celui qui est en chemin. L'apôtre Paul disait aux Grecs d'Athènes que Dieu «invitait les hommes à le chercher, et à le trouver, peut-être, comme à tâtons, lui qui n'est pas loin de chacun de nous» (Actes 17:27). Or Jésus l'a promis: «Celui qui cherche trouve» (Matthieu 7:8). Si nous abordons la lecture de la Bible sans connaître Dieu, éventuellement sans même être certains de son existence, prions simplement: «O Dieu si tu existes, révèle-toi à moi à travers les pages de ce livre que l'on appelle ta Parole.» Persévérons dans notre lecture jusqu'à ce que la promesse de Jésus se soit vérifiée dans notre vie.

Il est certain que la Bible aura une tout autre résonance lorsque nous aurons trouvé Dieu.

Si nous connaissons l'auteur d'un roman, son personnage principal ou celui qui l'a inspiré, nous le lirons avec un intérêt accru. Il en va de même des Ecritures: si Dieu, l'auteur véritable de la Bible est devenu notre Père, si Jésus-Christ son personnage central est notre Sauveur et si le Saint-Esprit son inspirateur nous a régénérés, ce ne sera pas difficile de nous intéresser à la lecture du livre saint. L'apôtre Jean énonçait déjà cette vérité: «Celui qui connaît Dieu nous écoute, celui qui n'appartient pas à Dieu ne nous écoute pas. De cette manière nous pouvons distinguer l'esprit de la vérité et l'esprit de l'erreur» (I Jean 4:6). Jacques, le frère de Jésus, nous indique une deuxième condition pour maintenir l'intérêt pour la Bible: «Ne vous contentez de l'écouter, traduisez-la en actes.» (Jacques 1:22, voir aussi Psaume 119:1-3, 8, 10, 11, 14, 17, 29 avec les v. 20, 131, 162, 174). Lorsque nous obéissons aux directives trouvées dans la Parole de Dieu, nous sommes bénis. Cette bénédiction nous encourage à chercher d'autres directives et à les suivre. Inversement, si nous n'avons pas envie de suivre le Bon Berger, nous ne cherchons pas non plus à entendre sa voix – comme si nous sommes brouillés avec un auteur, nous n'ouvrons plus ses livres. La baisse de notre intérêt pour la lecture de la Bible est généralement l'indice d'un recul spirituel ou d'un interdit dans notre vie. «Ce livre te retiendra loin du péché ou le péché te retiendra loin de ce livre.»

Si donc nous n'éprouvons aucun désir de lire la Bible demandons-nous: Qu'en est-il de nos relations avec Dieu: le connaissons-nous – ou désirons-nous le connaître comme notre Père? Jésus-Christ est-il vraiment notre Sauveur personnel? Si oui: avons-nous suivi ses directives ou avons-nous laissé le péché s'insinuer entre Dieu et nous? Depuis quand n'aimons-nous plus lire la Bible? Qu'est-ce qui est intervenu dans notre vie? Jésus a dit: «Si quelqu'un *veut* faire la volonté de Dieu, il reconnaîtra bien si mon enseignement vient de Dieu» (Jean 7:17).

CONDITIONS HUMAINES

Notre intérêt pour la Bible dépend en premier lieu de facteurs spirituels, mais cela ne veut pas dire que d'autres facteurs humains soient exclus. Nous savons que la maturation des raisins dépend en premier lieu de conditions qui échappent à l'homme: sol et soleil, air et pluie. Pourtant les fruits de la vigne parviennent à leur plein épanouissement grâce aux soins persévérants du viticulteur. «Tu prends soin de la terre et tu l'abreuves, tu la combles de richesses» dit le Psalmiste (Psaume 65:10); «Tu ouvres ta main et tu combles les désirs de tout ce qui vit» (Psaume 145:16). «C'est au cultivateur qui travaille dur d'être le premier à jouir de la récolte» (2 Timothée 2:6). Il en est de même sur le plan spirituel: «Le fruit de l'Esprit c'est l'amour, la joie, la paix...» (Galates 5:22). L'homme n'aurait donc qu'à attendre pour permettre à l'Esprit de faire mûrir ces fruits en lui? Que dit l'Ecriture? «Par votre obéissance à la vérité, vous avez purifié votre être afin d'aimer sincèrement vos frères. Aimez-vous donc ardemment les uns les autres de tout votre cœur...» (I Pierre 1:22). «Réjouissez-vous de tout ce que le Seigneur est pour vous...» (Philippiens 3:1). «Vivez en paix entre vous» (I Thessaloniciens 5:13). Vous remarquerez que ce sont des ordres. L'œuvre divine n'exclut pas l'effort de l'homme, au contraire, elle le rend possible et efficace (cf. 2 Pierre 1:3-7).

Notre intérêt pour la Parole de Dieu aussi dépend en partie de notre volonté. Le Psalmiste compare cette Parole à un aliment (Psaume 119:131). L'apôtre Pierre, reprenant la même image nous dit: «Comme des enfants nouveau-nés, désirez ardemment le lait pur de la Parole, afin qu'il vous fasse grandir en vue du salut» (I Pierre 2:2). Autrement dit, il s'adresse à notre volonté en nous disant: désirez lire la Bible.

Comment pouvons-nous stimuler ce désir? Si nous sommes malades, nous ne nous contentons pas de constater notre manque d'appétit, nous essayons de stimuler celui-ci en variant le menu, en choisissant des mets faciles à digérer, en ajoutant quelques condiments ou en soignant la présentation des plats. Appliquons ces mêmes principes à la lecture de la Bible: ne nous cantonnons pas à nos pages préférées, cherchons à découvrir l'infinie variété de la Révélation, méditons les passages lus afin de pouvoir mieux les assimiler, sachons utiliser les livres de photos sur la Palestine, les revues d'archéologie biblique et les Bibles illustrées pour exciter notre appétit.

CONDITIONS INTELLECTUELLES

Beaucoup de personnes croient qu'en lisant la Bible, elles doivent débrancher leur intelligence et se laisser simplement imprégner par le texte et l'atmosphère bibliques comme par une sorte d'osmose. L'Ecriture elle-même n'approuve pas une telle lecture mystique, au contraire, elle s'attend à ce que nous fassions bon usage des facultés intellectuelles que Dieu nous a données. Souvent Jésus s'adresse au bon sens de ses auditeurs pour résoudre une énigme qu'il leur propose (Marc 3:4; Luc 10:36-37; 14:25-33; 12:57; 18:7; 20:41). L'apôtre Paul de son côté fait appel à l'intelligence de ses lecteurs: «Je parle comme à des hommes raisonnables, jugez vous-mêmes de ce que je dis» (I Corinthiens 10:15 cf. 11:13; 14:20).

Si nous voulons comprendre le message biblique il ne nous faut pas craindre un effort intellectuel personnel. Il est vrai qu'un tel effort devient de plus en plus rare et difficile en notre temps où les mass-media nous pourvoient abondamment d'opinions «confection» qui nous dispensent de toute réflexion personnelle. Le danger est grand de nous contenter, en guise de méditation, d'un commentaire prédigéré et de remplacer le tête-à-tête entre la Bible et nous par la lecture d'une étude biblique ou l'audition d'un sermon. Seuls les disciples qui ont demandé au Maître l'explication des paraboles en ont pénétré le sens (Matthieu 13) et l'Ecriture loue les chrétiens de Bérée qui vérifiaient personnellement dans leur Bible l'enseignement qui leur était donné (Actes 17:11-12).

PLAN DE LECTURE

Nous avons déjà signalé la méthode utilisée par beaucoup de chrétiens et qui consiste à ouvrir sa Bible au hasard dans l'espoir de trouver une parole édifiante. D'autres se contentent «d'extraits» choisis à doses homéopathiques. Lu ainsi, le roman le plus passionnant perdrait son attrait. N'oublions pas que la Bible est avant tout une histoire: l'histoire de l'accomplissement de notre salut. Lisons-la donc de manière suivie, nous comprendrons mieux l'enchaînement des faits et les relations lointaines de cause à effet.[2]

Avant d'approfondir l'étude d'un livre particulier il serait bon de lire une fois la Bible entière: d'abord le Nouveau Testament, plus proche de nous que l'Ancien. Nous pourrons commencer par l'évangile de Marc, le plus court et le plus simple des quatre, complété par celui de Luc. Ensuite nous lirons les Actes des Apôtres qui font suite à l'évangile de Luc et les épîtres – en commençant par les plus faciles: 1 et 2 Thessaloniciens, Philippiens, Ephésiens, Colossiens, 1 et 2 Timothée, Tite, Jacques, 1 et 2 Pierre, Jude, 1, 2 et 3 Jean, réservant pour la fin les «grandes épîtres»: Romains, 1 et 2 Corinthiens, Galates, Hébreux.[3]

Après cette première prise de contact, nous pourrons aborder l'Ancien Testament qui se trouvera éclairé par le Nouveau. Les livres historiques peuvent aisément se lire par grandes tranches, les lois, les Psaumes et certains autres livres supportent plus difficilement la lecture suivie de plusieurs chapitres.

Prenez, pour cette première lecture, une version moderne basée sur le sens (Bible en français courant ou Bible du Semeur, Parole Vivante pour le Nouveau Testament). Notez les questions que la lecture vous pose, sans chercher des réponses immédiates

---

2. «Pour un débutant comme pour un habitué de longue date, la lecture cursive présente des avantages incontestables: elle permet de saisir l'ensemble d'un livre, le dynamisme du plan de Dieu, la vérité globale d'un personnage à travers sa vie. Lisez le livre de Job paragraphe par paragraphe: vous avez besoin d'un commentaire. Ces discours paraissent interminables. Lisez-le en une après-midi: tout s'anime. La souffrance de Job, la maladresse et l'esprit de jugement de ses amis, l'affrontement dramatique entre Job et son Dieu.» (H. Faesi: *Dialogue avec Dieu* (Ligue pour la lecture de la Bible 1970) p. 14.

3. G. Borel-Girard (*Plan de la lecture du Nouveau Testament*) proposait un plan de lecture du Nouveau Testament en 5 cycles, regroupant les écrits apparentés par leur contenu:
   1) Marc, 1 et 2 Pierre, Jude
   2) Matthieu, Jacques, Hébreux
   3) Luc, Galates, Romains
   4) Actes et les autres épîtres de Paul
   5) Jean 1, 2 et 3 Jean, Apocalypse
   L'avantage de ce regroupement est de faire alterner chaque fois un écrit narratif (évangile ou Actes) avec des écrits didactiques.

(beaucoup de réponses viendront de vos lectures subséquentes). Si l'on veut gagner rapidement une vue d'ensemble de la révélation biblique, on peut réserver différents moments de la journée à cette lecture en tenant compte du caractère particulier de chaque genre biblique. On consacrera les grands moments de liberté à la lecture suivie des livres historiques (Genèse, Exode 1-20; Nombres 9-36; Josué à Esther) ainsi que de certains livres poétiques (Job, Ecclésiaste, Cantique des cantiques) et des prophètes. Les petits moments seront réservés à la lecture d'un chapitre de la loi (Exode 21 - 40, Lévitique, Nombres 1 - 8, Deutéronome), des Psaumes ou des Proverbes.

Après cette lecture on pourra relire le Nouveau Testament, y compris l'Apocalypse que l'on comprendra bien mieux après s'être quelque peu initié au langage prophétique.

LES LECTURES SUIVIES

Nos lectures suivies de l'Ecriture seront plus intéressantes si nous nous posons des questions précises. Nous pouvons par exemple l'interroger, livre après livre, sur la prière ou la sanctification, les relations avec les autres... Nous pouvons aussi rechercher ce qu'elle nous dit de Dieu (ses attributs, ses dispositions à l'égard de nous...), de l'homme (comment Dieu le voit, ce qu'il attend de lui), du monde supraterrestre (anges, démons, Satan, au-delà, avenir...).

Nous pouvons relever les grandes lois du gouvernement divin: comment Dieu dirige l'histoire, ce qui est important à ses yeux... Une autre fois nous noterons toutes les promesses: leurs conditions, les bénéficiaires, les applications. Nous verrons plus loin comment l'étude d'un thème ou d'un personnage peut rendre notre lecture de la Bible captivante.

Si vous demandiez à un banquier comment augmenter l'intérêt que sa banque vous paie, il vous répondrait: investissez davantage. Il en est de même de notre intérêt pour la lecture de la Bible: plus nous investirons de temps, de forces et même d'argent pour mieux la comprendre, plus nous retirerons d'intérêt pour elle, un intérêt croissant et durable dont les fruits dureront jusque dans la vie éternelle.

2 | MÉDITONS LA BIBLE

LA MÉDITATION PERSONNELLE DE LA BIBLE

MÉDITATION ET ÉTUDE DE LA BIBLE

Ne confondons pas méditation et étude de la Bible. Dans l'étude, j'applique mon intelligence à la connaissance des vérités contenues dans la Parole de Dieu, je réfléchis et j'utilise des instruments de travail (concordance, commentaires, dictionnaires, atlas…) pour essayer de comprendre ce qu'a voulu dire l'auteur. La méditation fait davantage appel à l'enchaînement des pensées, à des associations d'idées qui ne sont pas forcément logiques: pourvu qu'elles nourrissent ma foi et me poussent à l'adoration. Le sentiment et la volonté n'ont guère de place dans l'étude, mais entrent en jeu dans la méditation, car celle-ci devra déboucher sur la prière et l'action.

L'étude biblique demande du temps, un esprit alerte et des instruments de travail: la méditation est quotidienne, elle se contente du temps disponible et n'a besoin d'autre chose que du texte biblique.

> **Nous étudions pour connaître, pour nous instruire, nous méditons pour que Dieu nous parle à travers sa Parole.**
> Bien entendu cette distinction est schématique: en fait toute méditation devrait s'inspirer, partiellement du moins, des méthodes d'étude biblique et nourrir notre connaissance du plan de Dieu si nous ne voulons pas aboutir à une piété quelque peu sentimentale. Toute étude biblique, d'autre part, qui n'alimenterait pas notre foi et notre adoration ferait de nous de savants docteurs de la Loi bourrés d'une science aride et stérile.

DANS QUELLES DISPOSITIONS MÉDITER?

Je médite la parole de Dieu, c'est-à-dire un livre qui a Dieu pour auteur: Lui seul peut donc me l'expliquer et me suggérer les pensées qu'il désire. Je devrai donc commencer ma méditation par la prière en demandant à Celui qui a inspiré ces pages de me parler par elles, d'ouvrir mon intelligence et mon cœur.

C'est le Dieu tout-puissant qui d'adresse à des hommes pécheurs: je viendrai donc dans un esprit d'humilité.

C'est le Dieu de vérité qui ne saurait mentir, je m'approcherai de lui avec un esprit de foi.

C'est le Dieu souverain qui a droit à la soumission de toutes ses créatures, celui auquel j'ai remis le gouvernement de ma vie: j'aborderai ma méditation dans un esprit d'obéissance, prêt à me soumettre à tout ce qu'il me montrera.

Mais c'est aussi le Dieu d'amour qui ne veut que mon bien, je peux donc venir à lui dans un esprit de confiance.

Je viendrai «le cœur purifié d'une mauvaise conscience» après avoir demandé à Dieu de me purifier de tout péché. J'écarterai toutes les préoccupations relatives au monde: si le bon grain tombait au milieu des épines, il serait vite étouffé. Je n'aurai qu'un désir: entendre Dieu me parler.

QUE TROUVERAI-JE DANS LA BIBLE?

Dieu me parle: de lui-même, des hommes, et des relations qu'il aimerait entretenir avec nous. J'y trouverai donc une révélation du Dieu saint, juste et aimant, de Jésus-Christ son Fils, de l'Esprit-Saint. Cette révélation me poussera à l'adoration et à la confiance en Dieu.

Je trouverai aussi une description véridique de l'homme, de son égarement, de ses vices... En me reconnaissant dans tel détail de ce portrait, je serai amené à la repentance. Finalement Dieu me dit aussi ce qu'il a fait pour moi et ce qu'il est prêt à faire encore si je me soumets à lui: la méditation de son œuvre me conduit à l'obéissance, à la prière et à la consécration dans la foi.

COMMENT MÉDITER?

Je me poserai des questions à propos du texte que je suis en train de lire:

Voici celles proposées par la Ligue pour la Lecture de la Bible:

1. Que nous enseigne le texte du jour concernant Dieu le Père? la personne et l'œuvre de Jésus-Christ? le Saint-Esprit?
2. Y a -t-il un bon exemple à suivre avec l'aide de Dieu?
3. Y a-t-il un mauvais exemple à éviter?
4. Y a-t-il un ordre auquel je puisse obéir?
5. Y a-t-il un avertissement auquel je doive faire attention?
6. Y a-t-il une promesse que je puisse croire et proclamer?
7. Y a-t-il une réponse à une question biblique et personnelle?
8. Y a-t-il un mot d'ordre pour la journée?
9. Y a-t-il un enseignement confirmé par d'autres versets de la Bible?
10. Après avoir lu ce passage, quelle action de grâces, quelle humiliation accompagnera ma prière?

La conclusion de ma méditation sera, suivant la nature de ma découverte, une prière d'adoration, de demande, de remerciement ou d'intercession. Peut-être ferai-je bien de noter tel sujet de prière pour y revenir les jours suivants. Ce sera peut-être aussi une résolution: la réparation d'un tort causé à autrui, une lettre d'excuse à écrire, un livre à brûler... Là encore il sera bon de le noter pour que je ne sois pas tenté de l'oublier.

QUAND MÉDITER?

Chaque jour. Nous ne mangeons pas non plus le dimanche pour toute la semaine. Ford, l'homme le plus occupé de son temps, s'était engagé avec le président Wilson à lire journellement un chapitre de la Bible.

De préférence, le matin, avant que les préoccupations de la journée aient envahi notre esprit et que la fatigue ne l'alourdisse. Avant d'écouter la voix des hommes, ouvrons notre cœur à celle de Dieu.

Ce qui ne nous empêchera pas, le soir avant de fermer les yeux, d'imprégner encore notre esprit des pensées divines.

QUOI MÉDITER?

Toute la Bible. Ne nous limitons pas aux chapitres favoris. Dieu peut nous parler par toute sa Parole. Il nous enseigne par certains livres apparemment fastidieux de l'Ancien Testament, et nous inculque les lois qui régissent ses relations avec les hommes. Si nous les connaissons, nous comprendrons bien mieux sa manière d'agir avec nous. Il sera bon d'alterner la lecture de l'Ancien et du Nouveau Testament: l'un par exemple le matin, l'autre le soir. Beaucoup de chrétiens lisent aussi, chaque jour, un psaume pour commencer leur méditation: tous les cinq mois, ils reprennent ainsi l'ensemble de ce livre.

Certains chapitres seront lus plus rapidement, d'autres demandent à être pesés verset par verset, mais même dans le Nouveau Testament, il sera utile, de temps en temps, de lire un ou plusieurs chapitres à la fois pour nous imprégner de l'esprit qui a inspiré l'écrivain sacré et pour suivre ainsi les grandes lignes du développement de sa pensée.

Ne nous laissons pas arrêter par les passages obscurs. Suivons l'exemple de Moody qui disait qu'il lisait sa Bible comme il mangeait du poisson: en mettant les arêtes de côté. A la prochaine lecture, la difficulté se sera peut-être résolue d'elle-même. «L'Ecriture, disait Pascal, s'explique par l'Ecriture.» L'étude de la Bible m'aidera d'ailleurs à mieux la méditer: en comprenant la pensée de Dieu exposée dans ces livres, j'en tirerai une nourriture plus substantielle et mieux appropriée à mon cas, parce que j'aurai appris à discerner l'essentiel de l'accessoire et du passager.

Enfin je n'oublie pas que la Bible a été donnée, non à moi seul, mais au peuple de Dieu tout entier, à l'Eglise: j'ai donc des frères et des sœurs, auxquels je peux demander l'explication des passages obscurs.

D'ailleurs ce qui importe en méditant sa Bible, ce n'est pas de connaître la Bible, mais Jésus-Christ.

«Ne lis pas la Bible pour devenir plus savant, mais pour devenir meilleur... La Bible ne dit rien à qui ne se soucie pas de la pratiquer. Qui refuse d'agir renonce à comprendre» (T. Fallot).

LA MÉDITATION D'UN CHAPITRE DE L'ÉVANGILE

MARC 1

C'est par l'Evangile que nous commencerons notre méditation de la Bible, car l'Evangile est le centre de la révélation divine. Comme il s'agit d'histoires de la vie de Jésus, il sera relativement facile d'en tirer des applications pour notre vie.

L'Evangile le plus simple est celui de Marc. Nous le lirons pour commencer, chapitre par chapitre, en nous posant quelques questions très élémentaires sur le sens de ces récits pour nous.

Le premier chapitre nous présente le « commencement de l'Evangile de Jésus-Christ». Il débute par le ministère de Jean-Baptiste; à la fin du chapitre, Jésus, suivi de ses disciples, a déjà accompli plusieurs miracles, il est si connu qu'il ne peut «plus entrer publiquement dans une ville» (v. 45).

QUE M'APPREND CE CHAPITRE SUR DIEU?

Commencez par le lire en vous posant cette question et en vous demandant comment vous pourriez transformer ce que l'Evangile vous dit de Dieu en louange et en adoration.

Marc 1:2

«J'enverrai mon messager devant toi…»; toi désigne Jésus-Christ; celui qui parle, c'est Dieu. Il a envoyé Jean-Baptiste. Par l'une des références de ma Bible à parallèles (Luc 7:27), j'apprends que Jésus lui-même a appliqué cette citation de Malachie 3:1 à Jean-Baptiste. Tout ce que ce Précurseur dira et fera a donc une grande importance, puisqu'il agit en tant qu'ambassadeur divin, «messager» du Très-haut.

«Donne-moi, Seigneur, d'être attentif à ce que ton messager Jean-Baptiste avait à dire. Que j'accepte son message afin que tu puisses préparer, par lui, le chemin de Jésus dans mon cœur.»

Marc 1:11

«Une voix retentit alors du ciel: Tu es mon Fils bien-aimé, tu fais toute ma joie.»

Dès le début de son ministère, Jésus est accrédité par Dieu, c'est-à-dire par l'instance la plus haute. Qu'importent dès lors l'attitude réservée ou hostile des chefs religieux de la Palestine, les doutes et les moqueries de ceux qui m'entourent. Dieu a parlé, cela me suffit.

Un des parallèles (Jean 5:37) me montre que, même pour Jésus, entouré de l'hostilité des chefs de son peuple, ce témoignage du Père a été d'un grand secours.

«Seigneur, je te bénis de ce que tu aies envoyé ton Fils bien-aimé dans ce monde; tu as donné celui en qui tu avais mis toute ton affection. Que je puisse l'écouter avec attention et respect!»

QUE M'APPREND CE CHAPITRE SUR JÉSUS-CHRIST?
Qu'est-il?

v. 1: Fils de Dieu.

v. 3: Le Seigneur.

v. 7: Jean ne se sent pas digne de délier la courroie de ses souliers, et pourtant il était «le plus grand parmi ceux qui sont nés de femmes», au dire de Jésus.

v. 8: Il baptise du Saint-Esprit.

v. 11: Fils bien-aimé de Dieu en qui il a mis toute son affection.
v. 24: Le Saint de Dieu (selon le témoignage des esprits impurs eux-mêmes).

«Seigneur, accorde-moi, par la lecture de ton évangile, de te reconnaître comme le Fils de Dieu, le Seigneur. Donne-moi, devant toi, l'attitude humble de Jean-Baptiste. Baptise-moi de ton Saint-Esprit.»

Qu'a-t-il fait?

v. 9: Il s'est fait baptiser par Jean.
v. 13: Il a été tenté par Satan.
v. 14-15: Il a prêché l'Evangile disant: Changez et croyez à la bonne nouvelle.
v. 16-20: Il a appelé des hommes à le suivre.
v. 22: Il enseignait comme ayant autorité.
v. 27: Il commande aux esprits impurs et s'en fait obéir.
v. 31, 34, 41: Il guérit des malades.
v. 35: Il se lève très tôt pour aller prier.
v. 39: Il prêche dans les synagogues et chasse les démons.

Les actes de Jésus révèlent sa nature divine et fondent notre confiance en lui. Puisqu'il est le même hier et aujourd'hui, nous pouvons encore venir à lui avec nos maladies et nos faiblesses, nous trouverons le secours dont nous avons besoin. Sa voix retentit encore, avec autorité, à travers les évangiles. Le premier message qu'il nous adresse est toujours: «Changez et croyez à la bonne nouvelle.» Avons-nous obéi? Il nous appelle, nous aussi, à le suivre; l'avons-nous fait? Les esprits impurs sont forcés de lui obéir, mais il laisse les hommes libres, ils peuvent accepter de le faire ou non. Comment avons-nous employé cette liberté?

Certaines actions de Jésus peuvent nous servir d'exemples: si, tout Fils de Dieu qu'il était, il s'est fait baptiser, hésiterions-nous à le faire? S'il a été tenté, serons-nous étonnés de l'être? S'il a eu besoin d'un moment silencieux de prière, un tel moment n'est-il pas indispensable pour nous?

Ces différentes actions de Jésus nous permettent de nous interroger sur notre comportement envers lui.

QU'EST-CE QUE CE TEXTE
NOUS APPREND SUR L'HOMME?

v. 4: Il a besoin de changer et d'obtenir le pardon de ses péchés.

v. 5: Il doit les confesser. L'ai-je fait?

v. 17: Jésus l'appelle à le suivre. L'ai-je suivi «aussitôt» comme ses premiers disciples?

v. 22: Les contemporains de Jésus «furent impressionnés» par sa doctrine. L'habitude n'a-t-elle pas émoussé en moi cette faculté d'étonnement?

v. 30: On annonce à Jésus que la belle-mère de Simon est malade. Suis-je aussi prompt pour lui apporter, dans l'intercession, tous ceux qui passent par l'épreuve?

v. 40: Le lépreux croit sincèrement que Jésus peut tout: «Si tu le veux, tu peux me rendre pur.» Ai-je la même foi dans la puissance de Jésus que ce lépreux?

v. 45: Cet homme pensait qu'il servirait mieux la gloire de Jésus en publiant sa guérison au lieu de suivre l'ordre reçu. Résultat: Jésus ne peut plus entrer publiquement dans une ville. N'aurions-nous pas aussi, à notre actif, des désobéissances parce que nous croyons connaître les intérêts de Dieu mieux que lui-même?

Ce ne sont là, bien entendu, que quelques-unes des réflexions, questions et prières que ce chapitre peut nous suggérer. Je soulignerai les paroles qui m'auront le plus frappé. J'inscrirai dans mon carnet les résolutions que la lecture de ce texte m'aura amené à prendre: confession d'un péché précis – laisser tel «filet» pour suivre Jésus – prier régulièrement pour tel malade – me lever plus tôt pour prier – réparer les conséquences de telle désobéissance où j'ai pensé être plus intelligent que Dieu.

Je peux aussi noter les sujets de prière que ce chapitre m'aura inspirés pour m'éviter de me trouver devant Dieu sans savoir quoi prier ou d'oublier des requêtes que j'aurai reconnues importantes.

LA MÉDITATION DE L'ÉVANGILE VERSET PAR VERSET

Une autre manière de méditer l'évangile est de le lire verset par verset et d'essayer de tirer des parallèles entre le récit et notre vie. Cette méthode, plus classique que la précédente nous convient particulièrement si nous disposons de peu de temps pour méditer et si nous voulons nous limiter à quelques versets. Prenons, comme exemple l'évangile de Marc, au début du chapitre 2.

Marc 2

v.1: Jésus revient à Capernaüm, il ne veut pas que la désobéissance du lépreux guéri prive les habitants de «sa ville» (Mat. 9:1) de sa présence et de son ministère.

Lorsque je veux faire du bien aux autres, et que des difficultés se présentent par la faute d'autrui, est-ce que je n'abandonne pas trop facilement la lutte en rejetant la responsabilité de cet abandon sur les autres?

v. 2: Il est certes réjouissant de voir le grand nombre de ceux qui aiment écouter Jésus, mais où seront ces foules trois ans plus tard? Grossiront-elles les rangs de ceux qui crieront: «Crucifie, crucifie-le»?

> *«Seigneur, garde-moi d'un enthousiasme facile et passager.»*

v. 3: Ces quatre hommes portant le paralytique avaient sans doute entendu Jésus, ils l'avaient vu guérir des malades, mais ils n'ont pas voulu garder pour eux ce qu'ils connaissaient. Ils ont pensé à leur ami malade et, joignant l'acte à la pensée, ils l'ont amené à Jésus.

Me suis-je arrêté à la première étape, oubliant de partager mes bénédictions avec d'autres?

Un seul n'aurait pu amener l'ami malade à Jésus; en s'associant à trois autres, cela lui fut possible. Ce que je ne puis faire seul, je pourrais peut-être le réaliser en m'unissant à d'autres.

v. 4: Leur projet se heurte à des difficultés: impossible de parvenir dans la présence de Jésus. Ils auraient pu dire à leur ami: «Tu vois, nous aurions bien aimé t'amener auprès du Maître, mais ce n'est pas possible. Il faut donc y renoncer.» Ils ne l'ont pas dit, parce qu'ils aimaient leur ami malade. L'amour rend persévérant et ingénieux. Il leur fait découvrir un moyen original de réaliser leur dessein.

«Seigneur garde-moi d'abdiquer à la première difficulté – surtout lorsqu'il s'agit de faire du bien à autrui. Donne-moi l'amour persévérant et ingénieux qui animait ces quatre hommes.»

v. 5: «Lorsqu'il vit quelle foi ces hommes avaient en lui.» Comment cela? Il a vu quatre hommes découvrant un toit et faisant descendre leur ami à ses pieds, pourquoi parle-t-il de foi? Si les hommes n'avaient pas eu confiance dans la puissance de guérison de Jésus, ils ne se seraient pas donné tant de mal. Jésus voit, au-delà des faits, les mobiles qui les inspirent. Cette phrase définit donc aussi pour nous un aspect essentiel de la foi: la confiance dans la puissance du Seigneur. Une telle foi nous fait agir et fait agir le Seigneur.

«Mon enfant, tes péchés sont pardonnés.» Cette parole nous rend perplexes, un peu comme les scribes du v. 6. Pourquoi Jésus parle-t-il de pardon des péchés? Parce que, connaissant les pensées des hommes, il savait que c'était le problème principal de ce malade. Dans ce cas je peux me demander: est-ce aussi ma préoccupation première, avant la guérison du corps et les autres biens?

J'apprends que Jésus veut et peut (cf. v. 10) pardonner les péchés. Le verset indiqué en parallèle (Actes 13:38) me le confirme. Je peux donc venir à lui pour lui demander de prononcer ces mêmes paroles sur moi: «Mon enfant – car je le suis (I Jean 3:1) – tes péchés (ceux qui pèsent sur ma conscience) te sont (non pas: seront) pardonnés.»

Je peux ainsi continuer, verset par verset, à me demander ce que les paroles et les actes de Jésus ou de ses auditeurs ont à me dire aujourd'hui.

Je peux aussi passer plus rapidement, ne m'arrêter qu'aux

versets qui me frappent, me demander quel est le sens de l'ensemble du récit pour moi.

Ici, je serai peut-être arrêté par le v. 10: Jésus guérit le paralytique pour que les autres sachent qu'il a le pouvoir de pardonner les péchés. Les miracles ne sont donc que des signes et des gages de miracles spirituels bien plus importants. Ils devaient accréditer la personne et le ministère de Jésus (cf. Luc 7:18-23). Quel est le sens et la valeur des miracles de Jésus pour moi? Est-ce que je désire des miracles, lesquels et pourquoi?

La méditation verset par verset sera surtout fructueuse dans les passages «didactiques» c'est-à-dire ceux qui reproduisent l'enseignement de Jésus (Ex.: le sermon sur la montagne). Chaque parole est, pour moi, l'occasion d'un examen de conscience ou d'une prière.

Exemple: le début du chapitre 6 de Matthieu, v. 1: N'ai-je pas tendance moi aussi, à pratiquer ma justice devant les hommes, pour en être vu? Dans quelle mesure mes actions sont-elles faites pour «plaire aux hommes»? Quel en est le mobile secret: l'admiration de ceux qui m'entourent ou l'approbation du Père céleste? «Seigneur, délivre-moi de cette recherche de la gloire humaine, détourne mes yeux vers la récompense que tu réserves à ceux qui te servent sans être vus».

Si je veux prolonger ma méditation sur ce thème, je peux rechercher les parallèles indiqués:

v. 2, 5, 16: différentes applications immédiates de ce principe à ma libéralité, à ma vie de prière ou de piété.

Luc 16:15: «Vous, vous êtes des gens qui veulent se faire passer pour justes aux yeux de tout le monde, mais Dieu connaît le fond de votre cœur. Ce qui est en haute estime parmi les hommes, Dieu l'a en horreur.»

Ce verset me renvoie aux références suivantes:

Luc 10:29: le docteur de la loi qui veut se justifier aux yeux des auditeurs et auquel Jésus raconte la parabole du Bon Samaritain.

Matthieu 23:5: «Dans tout ce qu'ils font, ils agissent pour être vus des hommes.»

v. 27: «Vous êtes comme ces tombeaux crépis de blanc, qui sont beaux au-dehors. Mais à l'intérieur, il n'y a qu'ossements de cadavres et pourriture.»

I Samuel 16:7: «Je ne juge pas de la même manière que les hommes. L'homme ne voit que ce qui frappe les yeux, mais l'Eternel regarde au cœur.»

Proverbes 16:5: «Tout homme orgueilleux est en horreur à l'Eternel.»

Esaïe 2:12; Jérémie 4:14: Chacun de ces passages donne à ma méditation une orientation nouvelle (qui pourra éventuellement se prolonger par la recherche des nouveaux parallèles indiqués).

LA MÉDITATION D'UN PASSAGE DES ÉPÎTRES

Les épîtres, en particulier celles de l'apôtre Paul, sont considérées souvent comme difficiles. Pourtant, leur simple méditation peut nous apporter de nombreux éléments enrichissants.

Prenons quelques versets d'un de ces développements «dogmatiques» que l'on considère généralement comme arides: Ephésiens 1:3-6. Lisez ces versets dans votre Bible, et, avant de continuer cette lecture, notez toutes les pensées simples et édifiantes qu'ils contiennent.

Vous aurez certainement remarqué que
– Dieu est, pour nous chrétiens, le Père de notre Seigneur Jésus-Christ;
– Il nous a bénis de toutes sortes de bénédictions;
– Il nous a élus (c'est-à-dire choisis);
– Il nous veut saints et sans reproche devant lui;
– Il nous aime;
– Il désire faire de nous ses enfants adoptifs.

Nous trouvons déjà dans ces affirmations de nombreux sujets de louanges. Sans aller plus loin, nous pouvons faire monter à Dieu notre prière de reconnaissance pour tout ce qu'il a ainsi fait pour nous.

OBSERVONS LE TEXTE DE PLUS PRÈS

Paul commence par louer Dieu. Il le fait dans presque toutes ses épîtres. Ma prière commence-t-elle aussi par la louange?

Béni soit Dieu

Je suis arrêté par le premier mot. Je pensais que c'était Dieu qui nous bénissait; peut-il être béni lui-même? Je consulte mon dictionnaire. Il m'apprend que bénir vient de *bene*: bien, et *dicere*: dire. Donc bénir signifie: dire du bien (de quelqu'un). Un des sens donnés par le Petit Larousse est: «glorifier, remercier, bénir son bienfaiteur». Je peux donc m'associer à la louange qui jaillit du cœur de l'apôtre et bénir Dieu, le glorifier et le remercier pour ses bienfaits. – Est-ce que je ne pourrais pas aussi bénir Dieu devant les hommes: dire du bien de lui, raconter le bien qu'il m'a fait? Les versions modernes disent: «Loué soit Dieu»: tout ce qui suit peut inspirer notre louange.

C'est notre réponse aux bénédictions divines, Dieu l'attend de nous, les versets 6, 12, 14, nous l'apprennent.

Le Père de notre Seigneur: Jésus le Christ

Dieu, pour nous, n'est pas un être lointain, inconnu et inaccessible; il est le Père de notre Seigneur Jésus-Christ. Si je connaissais le fils ou la fille du Président de la République, ce personnage important cesserait d'être pour moi un magistrat inabordable, il serait, pour moi, le père de François, ou de Martine. Si j'avais quelque faveur à lui demander, je saurais comment l'atteindre. Dieu est devenu pour moi un Père si Jésus-Christ est devenu mon Seigneur. «Je monte vers mon Père qui est votre Père» (Jean 20:17). Mais Jésus-Christ est-il vraiment mon Seigneur: est-ce que je lui obéis comme à un Maître souverain?

Qui nous a comblés ou bénis

Je retrouve le sens habituel du mot bénir: faire du bien. Dieu est amour, il veut nous rendre heureux, nous bénir. Il l'a fait (le verbe est au passé). Je vais découvrir dans ce passage, tout ce qu'il a fait pour moi.

Des bénédictions de l'Esprit

Pas d'uniformité ou de parcimonie dans la bénédiction divine. Dieu veut nous combler de ses biens. Dans une autre version je lis: «de toute bénédiction»: de toute la bénédiction qu'il possédait dans le ciel. «Tout est en Christ» et, par lui, Dieu nous donne, avec abondance, ses richesses spirituelles. Je m'attendais peut-être à des bénédictions matérielles en devenant chrétien, mais Dieu avait d'autres biens en réserve pour moi. Les biens matériels ne durent qu'un temps, ils attachent notre cœur à cette terre et risquent de le fermer aux véritables richesses. Dieu nous donne ce qu'il a de meilleur: les biens éternels que ni les voleurs, ni la mort ne peuvent nous ravir.

Dans le monde céleste

Qu'est-ce? Les parallèles m'indiquent d'autres versets de la même épître où cette expression revient:

1:20 – C'est là où le Christ est assis actuellement à la droite de Dieu.

2:6 – nous y sommes assis avec lui.

3:10 – c'est le lieu où se trouvent aussi les autorités et les puissances (angéliques ou démoniaques, 6:12).

Ces lieux célestes sont donc une position, plutôt qu'un endroit, une manière de vivre. En effet, où se trouve Jésus-Christ actuellement? «Là où deux ou trois sont ensemble en mon nom» (Matthieu 18:20); «je suis moi-même avec vous chaque jour» (Matthieu 28:20); «je reviendrai vers vous» (Jean 14:18). C'est bien aussi sur cette terre que nous avons à lutter contre les dominations sataniques (6:12). Il faut sans doute comprendre cette expression, comme nous dirions, «sur le plan spirituel». Lorsque nous vivons par l'Esprit, nous pénétrons dans les lieux célestes. Comment? En Christ. Je ne puis pénétrer dans les «lieux célestes» de cette terre, c'est-à-dire dans l'atmosphère, qu'en avion. J'y reste seulement aussi longtemps que je demeure dans l'avion. De la même manière, je ne pénètre dans les «lieux célestes», qu'en

«Christ». «Hors de moi, vous ne pouvez rien faire.» Je retrouverai cette expression «en Christ» tout au long de cette épître. Chaque fois elle sera la clé d'une autre bénédiction spirituelle. La première d'entre elles est indiquée aux versets 4 à 6. En lui, Dieu nous a élus. Si j'ai participé ou assisté à des élections, je sais combien les candidats tiennent à être élus. Moi, je l'ai été, sans rien faire – et j'ai été choisi, non par des hommes faillibles, mais par Dieu lui-même. Loué soit-il!

Avant de poser les fondations du monde

Les parallèles m'indiquent qu'à cette époque déjà, Dieu m'a accordé sa grâce en Jésus-Christ (2 Timothée 1:9) et a inscrit nos noms dans le livre de vie (Apocalypse 13:8). Mystère insondable de son amour que je ne puis qu'accepter dans la louange et l'adoration.

Dans quel but m'a-t-il élu?

Pour que nous soyons saints et sans reproche devant lui

Je peux me perdre en réflexions stériles sur le pourquoi de l'élection. Dieu me répond *pour quoi* il m'a élu, dans quel but il m'a choisi. Il voulait un peuple saint qui lui appartienne en propre (cf. Deutéronome 4:20).

MA VIE RÉPOND-ELLE À CETTE VOCATION?

Recherchons les versets parallèles: Romains 8:29, Colossiens 1:22.

Le v. 5 contient un mot qui nous fait peur: «prédestiné». Nous voyons tout de suite le spectre d'une doctrine qui a divisé les chrétiens. Regardons d'un peu plus près: si nous décomposons le mot, il nous effarouchera déjà moins: pré-destiné. Lorsque je fabrique un objet je le destine à un certain usage. En créant les hommes, Dieu leur a aussi donné une destination: être ses enfants adoptifs. Il les a destinés à cette haute vocation avant même de les créer, c'est ce que veut dire le mot prédestiner: destiner à l'avance.

Pour quelle raison l'a-t-il fait? Les mots: «puisqu'il nous a aimés» me répondent: parce que Dieu est un Dieu d'amour, il ne peut faire autrement qu'aimer et imaginer ce qui pourrait contribuer au bonheur des autres.

Pourquoi? Tel était le bon plaisir de sa volonté. Lorsque certains rois employaient cette formule, c'était généralement pour justifier leurs caprices arbitraires. «Dieu veut que tous les hommes soient sauvés et parviennent à la connaissance de la vérité» (I Timothée 2:4).

Pourquoi encore? A cause de sa grâce qu'il nous a accordée en son Fils bien-aimé: la grâce est justement ce qui ne peut s'expliquer. C'est un acte gratuit. C'est le geste du Tout-puissant qui efface la dette et supprime toute peine. Par amour pour son Fils bien-aimé, il fait tout ce qui peut nous rendre heureux. N'avons-nous pas d'abondants sujets de louanges dans ces quelques versets?

Continuez à méditer la fin de ce chapitre. Vous y passerez les heures les plus enrichissantes de votre vie.

LA MÉDITATION D'UN PASSAGE DIFFICILE

«Jean salue les sept Eglises qui sont dans la province d'Asie: que la grâce et la paix vous soient données de la part de celui qui est, qui était et qui vient, de la part des sept esprits qui se tiennent devant son trône, et de la part de Jésus-Christ, le témoin digne de foi, le premier-né d'entre les morts, et le souverain des rois de la terre» (Apocalypse 1:4-5).

L'Apocalypse est souvent délaissée par les chrétiens, qui considèrent ce livre comme incompréhensible pour les simples fidèles. Pourtant la méditation peut nous y faire découvrir une nourriture stimulante pour notre foi.

Jean salue les sept Eglises qui sont dans la province d'Asie...

L'apôtre Jean s'adresse aux Eglises. La plupart des épîtres du Nouveau Testament s'adressent non à des croyants isolés, mais à des Eglises. Pourquoi? Parce que dans une Eglise, on peut s'entraider dans la compréhension des passages difficiles. Je trouverai dans l'Apocalypse beaucoup de «choses difficiles à comprendre», mais si je vis dans une Eglise, je ne suis pas seul, je peux demander des explications à d'autres croyants, qui étudient la Bible depuis longtemps ou consulter les livres qu'ils me recommanderont.

Pensée

Si je comprends si peu la Parole, n'est-ce pas peut-être parce que j'ai la prétention de la comprendre tout seul, et que je ne profite pas suffisamment des occasions que Dieu me donne de l'étudier «en Eglise», c'est-à-dire, des études bibliques et des messages?

Résolution

Lorsque je ne comprendrai pas un passage, je veux le noter pour en parler avec un frère ou une sœur.

Prière

«Merci Seigneur parce que tu m'as donné des frères et des sœurs qui peuvent m'aider à comprendre ta Parole.»

Les sept Eglises

Jean ne s'adresse pas à une seule Eglise, mais à sept. Si «deux valent mieux qu'un», sept valent certainement encore mieux pour comprendre les écrits des apôtres.

Sept est, dans l'Ecriture, le symbole de la plénitude: «les sept Eglises» pourrait donc signifier: toutes les églises. Cet écrit s'adresse donc aussi à la mienne. Si je vis dans une Eglise, l'apôtre s'adresse aussi à moi: toutes les promesses et exhortations me sont destinées. – Puisqu'il s'adresse à toutes les Eglises, je dois aussi être attentif à ce que les croyants des autres Eglises ont découvert dans leur étude de la Bible.

Qui sont dans la province d'Asie

Mais mon Eglise se trouve en Europe ou en Afrique. Ce que je vais lire ne me concerne donc pas? «Heureux celui qui lit et ceux qui entendent les paroles de cette prophétie» (v. 3): donc c'est aussi pour moi. Mais ces mots «Dans la province d'Asie» me préviennent que l'apôtre s'est adressé à des Eglises particulières, tout ce que je lirai ne s'applique peut-être pas forcément à moi, à mon Eglise.

«Seigneur donne-moi de discerner ce qui, dans ce livre, s'adresse à moi. Donne-moi l'humilité nécessaire pour voir que je ne puis comprendre ta Parole tout seul, pour rechercher l'avis des autres dans l'Eglise et pour écouter aussi ce que d'autres Eglises ont à dire.»

Que la grâce et la paix vous soient données

Qu'est-ce que la grâce? J'ouvre mon Petit Larousse: «Faveur qu'on fait sans y être obligé: accorder une grâce. Etre en grâce auprès de quelqu'un, avoir sa bienveillance, sa protection. Bonnes grâces: accueil favorable, bienveillance. Pardon: je vous fais grâce. Remise d'une peine: le Président de la République a le droit de grâce. Remerciements: je vous rends grâce. Aide que Dieu accorde en vue du Salut: rien n'est impossible à la Grâce.» Que de motifs de louanges, rien qu'à la lecture du dictionnaire! Je puis transformer chaque phrase de cette définition en actions de grâce, demandes et intercessions.

Si vous ouvrez le Larousse au mot paix vous y trouverez autant de raisons de louer Dieu.

Grâce et paix: seule la grâce qui efface nos péchés nous assure la paix avec Dieu. « Seigneur, apprends-moi à accepter ta paix comme un don et à ne pas essayer de la produire par mes efforts. Si je n'ai pas la paix parfaite, conduis-moi vers sa véritable source.»

Qui me donne cette paix?

De la part de celui qui est, qui était et qui vient

.Les parallèles indiqués des v. 8 et 4:8 désignent le Seigneur Dieu, le Tout-Puissant.

Qui est

Exode 3:14: «Je suis celui qui est.»

Suis-je vraiment convaincu que Dieu est toujours présent et agissant?

Est-ce que, dans ma vie courante, je compte avec ce Dieu qui est?

Qui était
La Bible nous montre Dieu agissant parmi son peuple de l'ancienne alliance et dans l'Eglise primitive; Il est le même aujourd'hui. Il m'a accordé des bénédictions dans ma vie passée, il veut et peut encore me bénir aujourd'hui.

Qui vient
L'avenir lui appartient. Il viendra, au Retour de Jésus-Christ, établir son royaume. Cette perspective transforme-t-elle ma vie aujourd'hui? Dieu se révèle à moi sous ces trois aspects:
1. une présence dont je puis faire l'expérience immédiate et personnelle,
2. une action dans l'histoire,
3. une espérance.
Est-ce que je le connais sous ces trois aspects? Est-ce que je ne donne pas à l'un d'entre eux trop d'importance par rapport aux autres?

De la part des sept esprits
Je croyais qu'il n'y a «qu'un seul Esprit» (Eph. 4:4)? Je vois que ces esprits sont mis sur un pied d'égalité avec Dieu le Père et Jésus-Christ. Il ne peut donc s'agir que du Saint-Esprit. Pourquoi sept? Je me souviens que le nombre sept revient souvent dans l'Apocalypse: les sept Eglises (1:4); sept étoiles (1:20); sept sceaux (5:1). Chaque fois, il évoque l'idée de plénitude. C'est donc du Saint-Esprit dans toute sa plénitude qu'il est question ici. Le passage parallèle indiqué, dans Esaïe 11:2, évoque certaines des caractéristiques de cet Esprit: sagesse, intelligence, conseil, force, connaissance: l'Esprit veut me donner tout cela en plénitude, par pure grâce et pour augmenter ma paix.

Et de la part de Jésus-Christ, le témoin digne de foi
Je recherche les parallèles indiqués: Esaïe 55:4; Jean 3:32-34; 18:37 et j'aurai de nombreux sujets de méditation et d'adoration. – Suis-je moi-même aussi un témoin fidèle?

Le premier-né des morts

«Loué sois-tu Seigneur parce que tu es ressuscité, tu vis». Mais s'il y a un premier-né, il y en aura d'autres. «Je vis et vous vivrez aussi.»

> *«Merci Seigneur parce que ta résurrection a ouvert pour moi l'espérance de la vie éternelle.»*

Le souverain des rois de la terre

Les rois actuels de la terre sont les puissants chefs d'Etat des républiques américaines, russes, chinoises. Jésus-Christ est au-dessus d'eux. Il dirige le cours des événements mondiaux. Je puis me confier en lui. Je n'ai pas besoin d'avoir peur de ce qui arrive dans le monde. Il est le Maître de l'histoire. La paix vient – et viendra de lui. C'est lui qui ramènera la paix. Il me donne cette paix dès aujourd'hui – par grâce.

LA MÉDITATION D'UN PSAUME

Le livre des Psaumes est, par excellence, le livre de prière du peuple de Dieu. C'est certainement, parmi tous les livres de l'ancienne alliance, celui qui est le plus proche de nous, le plus directement assimilable. C'est pourquoi nous commencerons notre méditation de l'Ancien Testament par un Psaume. D'ailleurs, les Psaumes invitent moins à l'étude qu'à la méditation et la prière. Comment les méditer?

Prenons un psaume ordinaire que rien de particulier ne distingue des autres

LE PSAUME 17

Je commencerai évidemment par le lire en entier pour m'imprégner de son atmosphère. Son titre est: Prière de David (alors que le Psaume 14 est un cantique dédié au «chef de chœur», le Psaume 15 s'intitule simplement: Psaume de David, le Psaume 16: Cantique de David): la prière, l'invocation y occupera donc une place importante. Je marquerai d'un signe particulier toutes les demandes que David adresse à Dieu. Ainsi je pourrai les récapituler aisément. Les deux premiers versets sont une invocation à l'Eternel que je puis simplement faire mienne. Peut-être, cependant, ma confiance dans «ma justice» et «mes lèvres sincères» sera-t-elle moins ferme que celle de David. Le Saint-Esprit qui habite en moi me rend plus sensible que les croyants de l'ancienne alliance à chaque disparité entre l'exigence de Dieu et ma vie.

Les versets 3-5

Les versets 3-5 sondent ma conscience: mes lèvres sont-elles sans tromperie? Ma pensée est-elle différente de ce qui sort de ma bouche? (v. 3). Est-ce que «tes paroles m'ont retenu» (v. 4) c'est-à-dire les ordres contenus dans la Parole de Dieu? Est-ce que je me tiens «loin de la route des violents» ou m'arrive-t-il de me laisser tenter par leur exemple? Est-ce que «je me suis tenu fermement à la voie que tu as tracée?» et mes pieds n'ont-ils pas chancelé dans ces derniers jours (v. 5)?

Si, en examinant ma vie à la lumière de ces versets, je constate des manquements, je transforme immédiatement ces découvertes en prières: «Seigneur, pardonne telle parole qui n'était pas entièrement conforme à ma pensée – tel sentiment que tu as pu découvrir en examinant mon cœur (v. 3) et qui n'est pas à ta gloire. Je m'humilie de ce que «en voyant ce que font les autres hommes», au lieu d'être fidèle à la parole de tes lèvres, je me suis mis à envier leur liberté et leurs succès. Je me suis tenu moins «fermement à la voie que tu as tracée». Malgré cela tu m'as gardé de tomber. Merci Seigneur! Affermis-moi! Que je puisse prier comme David en toute vérité» (reprendre v. 1-5 ss).

Verset 6-7

Dans ces deux versets, nous trouvons les 3 éléments constitutifs des Psaumes et, d'une façon générale, de toute la Parole de Dieu: ce que Dieu fait pour nous, ce que le croyant fait de son côté et des requêtes précises.

CE QUE DIEU FAIT POUR NOUS

«Tu réponds… toi qui délivres des argresseurs ceux qui se réfugient auprès de toi.» Je souligne ces affirmations d'une couleur spéciale. En parcourant les psaumes, je relève quantité de promesses relatives à l'action de Dieu en notre faveur: «L'Eternel entend quand je crie, il répond... tu me donnes la sécurité... tu bénis le juste, tu l'entoures de ta grâce. L'Eternel exauce mes supplications... tu soutiens mon droit... tu affermis le cœur de ceux qui souffrent, tu les garderas... tu m'assures mon lot, tu ne livreras pas mon âme au séjour des morts... tu me feras connaître le sentier de la vie.»

Ces affirmations sont prises au hasard dans les 16 premiers psaumes. Quel réconfort de les relire aux moments d'épreuve. Je peux m'approprier toutes ces promesses par la foi. Je peux relever de la même manière ce que Dieu est pour nous (refuge, haute retraite, ma force, mon bouclier, mon espérance, mon libérateur, le Dieu de mon salut, le soutien de ma vie) et ses qualités (sa bonté, sa fidélité, sa justice, sa sainteté, sa droiture).

CE QUE LE CROYANT FAIT DE SON CÔTÉ

«Je t'appelle... ceux qui se réfugient.»

Je marque ces verbes d'un autre signe: ils me disent ce que Dieu attend de moi. Je m'examine pour savoir si ces dispositions sont en moi. Je demande à Dieu de me donner celles qui manquent. Mais il faudra aussi que j'applique ma volonté à réaliser ce que Dieu attend de moi et que ce Psaume m'aura rappelé. En relisant de temps en temps tous les passages marqués de ce même signe dans les Psaumes, je découvre un tableau assez complet des dispositions que Dieu aimerait trouver en moi:

Psaumes 1:1-2; 2:12; 4:6; 5:4, 8, 12; 7:18; 9:2-3, 11, 12, 15....

Je remarque aussi certains verbes qui reviennent plus souvent que d'autres; ces dispositions sont donc particulièrement importantes aux yeux de Dieu: se confier en lui, l'invoquer, le louer, chanter.

Dans ce même ordre d'idées, je peux aussi noter tous les défauts et les mauvaises dispositions signalées chez les ennemis de Dieu (ici dans les v. 9-12). Ils constituent un cliché négatif de la volonté de Dieu pour nous. Dans ma méditation, je transformerai toutes ces mentions en prières: «Seigneur, sonde-moi. Suis-je sur cette voie? Est-ce que je «m'enferme dans ma graisse» , c'est-à-dire suis-je sans pitié pour les malheureux (v. 10)? Est-ce que je parle avec arrogance? Dans ce que j'ai dit hier à tel frère, n'y avait-il pas quelque orgueil? Pardonne-le-moi.» Peut-être cette évocation me fera aussi penser, malgré moi, à telle personne de mon entourage. Même si elle a des dispositions hostiles à mon égard (v. 9, 11) je peux prier pour elle. Bien plus, le Seigneur le demande (Matthieu 5:44).

DES REQUÊTES PRÉCISES

«Incline vers moi ton oreille, écoute ma parole: Signale ta bonté... garde-moi... protège-moi.» Je peux faire miennes toutes ces prières et j'aurai la certitude que Dieu m'exauce. En effet, «voici quelle assurance nous avons devant Dieu: si nous demandons quelque chose qui est conforme à sa volonté, il nous écoute. Et si nous savons qu'il nous écoute, nous savons aussi que l'objet de nos demandes nous est acquis» (I Jean 5:14-15). Or, si cette prière se trouve dans le recueil des écrits inspirés par Dieu, elle correspond à sa volonté. Nous pouvons donc la répéter avec l'assurance d'être exaucé – à condition de l'apporter dans les mêmes dispositions de cœur que le psalmiste.

Si vous marquez toutes les requêtes d'un signe spécial, vous trouverez dans ce livre des Psaumes, des centaines de requêtes conformes à la volonté de Dieu. Vous ne serez plus jamais embarrassés de ne pas savoir quelles prières adresser à Dieu. Par sa Parole, Dieu veut nous apprendre comment prier. Les Psaumes sont le meilleur manuel de cet enseignement.

Sachant que Dieu m'écoute et me donnera ce que je lui ai demandé, je peux aussi le louer immédiatement pour l'exaucement et redire ces mêmes versets ainsi: «Je te loue, Seigneur, parce que tu écoutes ma parole, tu me gardes comme la prunelle de tes yeux, tu me protèges à l'ombre de tes ailes...» Le Psalmiste lui-même le fait parfois: «O Eternel, montre-moi le chemin, enseigne-moi quelle est la voie que tu veux que je suive... L'Eternel est bon et il est juste: il indique aux pécheurs le chemin qu'il faut suivre. Les humbles, il les guide sur la voie droite; il leur enseigne le chemin qu'il prescrit.» (Psaume 25:4, 8).

La fin du Psaume m'apporte un dernier élément que je soulignerai en vert (couleur de l'espérance): «Je contemplerai ta face et, à mon reveil, je pourrai me rassasier de la vue de ton image.» Promesse merveilleuse qui me fait tourner les regards de ma foi vers le grand Réveil du jour où tous les morts se lèveront: Je contemplerai – soulignons ce «je« et approprions-nous cette assurance: «Tes yeux contempleront le Roi dans sa beauté» (Esaïe 33:17).

Pour prolonger cette ligne et nourrir ma louange, je recherche les parallèles indiqués: Psaumes 4: 7-8; 11:7; 16:11; Matthieu 5:8; I Jean 3:2; Apocalypse 22:4. Je pourrai terminer ma méditation dans l'adoration de Dieu, en le louant et le remerciant pour la perspective merveilleuse qu'il ouvre devant moi.

Voulez-vous, avant de continuer, appliquer ces principes à un autre Psaume, au Psaume 26 par exemple?

LA MÉDITATION D'UN CHAPITRE DE L'ANCIEN TESTAMENT

JOSUÉ 1

A part quelques exceptions (les Psaumes, par exemple), l'Ancien Testament nous apparaît, au début, comme un monde étranger et impénétrable. Quel profit spirituel pouvons-nous tirer de la lecture et de la méditation des chapitres historiques de la première partie de la Bible?

En règle générale, nous trouvons dans ces chapitres deux sortes d'indications:

1) ce que Dieu a dit ou ce qu'il a fait: ses promesses et leur réalisation, 2) ce que l'homme fait ou ce qu'il doit faire.

Nous pouvons lire le chapitre à travers l'une ou l'autre lunette – ou à travers les deux.

Prenons en exemple le premier chapitre des livres historiques: Josué 1.

CE QUE DIEU FAIT

Lisons d'abord le chapitre en relevant tout ce que Dieu fait ou promet. Marquons d'un signe spécial tous les verbes qui nous parlent de l'action de Dieu: v. 1: l'Eternel dit, v. 2: je donne, v. 5: Je serai avec toi, comme j'ai été avec Moïse, je ne te délaisserai pas, je ne t'abandonnerai pas... (Nous en trouverons une quinzaine.)

Nous marquerons du même signe les autres promesses dont l'accomplissement dépend de l'intervention divine: v. 4: votre territoire s'étendra... à travers tout le pays des Hittites..., v. 5: Nul ne tiendra devant toi..., v. 7: afin de réussir dans tout ce que tu entreprendras..., v. 8: tu auras du succès dans tes entreprises, tu réussiras.

Parmi ces verbes, nous pouvons distinguer, à l'aide d'une marque supplémentaire, le verbe donner (donner le pays, donner la possession du pays, tout lieu que foulera la plante de votre pied): nous le trouvons 8 fois dans ce chapitre (v. 2, 3, 6, 11, 13, 14, 15).

Que nous apprend ce premier aspect? Dieu intervient dans l'histoire d'Israël, il dirige le cours des événements. Le succès des entreprises dépend de lui, car c'est lui qui donne la possession du pays promis, qui soutient les chefs militaires et leurs armées.

Si nous avons lu de manière suivie les premiers livres de la Bible, cette vision de l'histoire ne sera pas nouvelle pour nous. En effet, tout au long du Deutéronome, nous trouvons la même promesse: «Je donnerai le pays à Caleb et à ses enfants» (1:36); «J'ai donné le pays d'Ar en possession aux descendants de Loth» (2:9); «Je vais vous livrer Sihôn ... avec tout son pays» (2:24, 31). «Mais l'Eternel notre Dieu le livra à notre merci» (v. 33). Nous trouvons ce verbe donner 75 fois dans le livre et 12 fois le verbe livrer.

Que pouvons-nous tirer de ces constatations pour notre vie personnelle ou notre vie d'Eglise? Le peuple d'Israël, dans sa marche à travers le désert et lors de son entrée en Canaan, se trouvait devant des difficultés humainement insurmontables:

des peuples nombreux et bien armés occupaient le passage et le pays. Pourquoi alors s'obstiner? Ne valait-il pas mieux retourner en Egypte? Prévenant le découragement de son peuple, Dieu intervient et promet la victoire; il livrera les ennemis entre les mains d'Israël, il donnera le pays à ses enfants et leur accordera du repos. A Josué, le chef du peuple, il rappelle ses interventions du passé, il lui promet la même assistance qu'à Moïse: «Je serai avec toi, comme j'ai été avec Moïse.»

Nous sommes aussi confrontés journellement avec des difficultés qui nous paraissent souvent insurmontables. L'Ennemi nous défie et nous nargue, le pays promis nous paraît occupé par des adversaires inexpugnables. Le découragement nous guette. Ne serait-il pas plus simple et plus sage de «retourner en Egypte», c'est-à-dire de faire comme tout le monde?

A ce moment, la promesse de Dieu nous saisit et nous empoigne. «Prends courage et tiens bon, ne crains rien et ne te laisse pas effrayer, car moi, l'Eternel ton Dieu, je serai avec toi pour tout ce que tu entreprendras... je ne te délaisserai pas et je ne t'abandonnerai pas» (Josué 1:9 et 5).

Ce qui importe, ce n'est pas l'obstacle, mais la promesse divine. Si Dieu donne, s'il livre l'adversaire entre nos mains, qui pourra lui résister? S'il nous accorde son repos, qui nous le ravira? Nous sommes donc amenés à nous demander si nous pouvons nous appuyer comme Josué (v. 6) sur une promesse de Dieu pour avancer dans le problème particulier qui nous préoccupe. Pouvons-nous nous approprier dans ce cas ce qui est dit dans Matthieu 18:19 ou Marc 11:24 ou Romains 8:32?

Lire la Bible à travers cette perspective nous encourage et nous fortifie dans notre résolution de compter davantage sur la puissance de Dieu dans notre vie de tous les jours.

Les mêmes promesses sont valables pour l'Eglise, peuple de Dieu de la nouvelle alliance. Elle aussi se trouve, comme le peuple d'Israël devant des montagnes imprenables, le pays promis semble s'éloigner au fur et à mesure que l'on s'en rapproche, le monde menace et ricane. Mais Dieu a dit: «N'aie pas peur, petit troupeau! Car il a plu à votre Père de vous donner le royaume»

(Luc 12:32). L'Eglise peut compter sur sa promesse, elle sait que «contre elle la mort elle-même ne pourra rien» (Matthieu 16:18).

CE QUE L'HOMME DOIT FAIRE

Pour édifiante qu'elle soit, cette première lecture ne fait cependant pas entièrement justice au texte. Tout ce que nous avons relevé concernant l'action de Dieu est vrai, mais ce n'est pas toute la vérité.

Relisons le chapitre en marquant d'un signe différent tous les verbes indiquant ce que l'homme fait ou doit faire: v. 2: dispose-toi à traverser le Jourdain... pour entrer dans le pays..., v. 6: «Prends courage et tiens bon, car c'est toi qui feras entrer ce peuple en possession du pays»..., v. 7-8: «prends courage et tiens bon pour veiller à obéir à toute la Loi que mon serviteur Moïse t'a prescrite, sans t'en écarter ni d'un côté ni de l'autre. Alors tu réussiras dans tout ce que tu entreprendras.»

«Aie soin de répéter sans cesse les paroles de ce livre de la Loi, médite-les jour et nuit afin d'y obéir...»; v. 10: «Josué donna les ordres suivants»; v. 11: «Préparez-vous des provisions, car dans trois jours vous franchirez le Jourdain pour aller prendre possession du pays».

Nous relèverons plus d'une trentaine de verbes qui mettent l'accent sur l'homme et son action. Si, tout à l'heure, nous pouvions avoir l'impression que tout dépendait de l'intervention divine, à présent, en lisant le texte à travers cette «fenêtre», nous pourrions supposer que tout ne tient qu'à l'homme. Les deux conclusions se complètent mais ne se contredisent pas.

Josué, quoique chef du peuple et ancien ami et bras droit de Moïse, était menacé de découragement – comme nous. Dieu ne lui ôte pas sa peur d'un coup de baguette magique, il lui donne cet ordre: «Prends courage et tiens bon, ne crains rien et ne te laisse pas effrayer, car moi, l'Eternel ton Dieu, je serai avec toi pour tout ce que tu entreprendras.» (Josué 1:9) Il s'adresse donc à la volonté de Josué comme si elle avait pouvoir sur ces craintes, comme si le courage était une chose dont nous pourrions nous emparer. Et pourquoi cela ne serait-il pas vrai, puisque Dieu le dit? Trois fois, l'Eternel répète ces paroles à

Josué: «Prends courage et tiens bon» (v. 6, 7, 9). Dieu a donc mis la force en nous (cf. Juges 6:14) et notre volonté peut en user. Une fois (v. 18), c'est le peuple qui donne cette même exhortation à son chef; les «bonnes paroles» des autres peuvent donc aussi nous être utiles.

Que doit faire encore Josué? Méditer le livre de la Loi afin d'y obéir et d'appliquer tout ce qui y est écrit (v. 8). (Cela n'aurait-il rien à nous dire?) Puis agir: «Maintenant donc, dispose-toi à traverser le Jourdain avec tout ce peuple, pour entrer dans le pays que je donne aux Israélites» (v. 2). Il doit entreprendre une action (v. 9). Nous le voyons donner des ordres aux officiers (v. 10-11) et au peuple (v. 12 ss). Les Israélites de même doivent combattre et aider leurs frères (v. 14), ils promettent d'obéir à Josué, de faire tout ce qu'il a ordonné (v. 16-17). L'assistance divine ne nous dispense donc pas d'agir, c'est-à-dire d'appliquer nos efforts à la réalisation de ce que Dieu nous demande. Les promesses de Dieu ne sont pas, pour l'Eglise, un oreiller de paresse. Dieu lui demande de combattre avec toutes les forces disponibles jusqu'à ce que le repos intérieur soit assuré à tous ceux pour qui le Christ est mort. D'autres luttes encore requièrent un engagement total, sur le plan social par exemple.

L'histoire de l'Eglise prouve que les victoires ont été remportées, non par ceux qui attendent sans agir l'intervention divine, mais par des lutteurs qui se dépensent sans compter pour la cause de Dieu.

L'ARTICULATION DES DEUX THÈMES

Dans toute la Bible nous trouvons juxtaposés les promesses divines et les ordres. «L'Eternel, votre Dieu, vous a donné ce pays en possession. Mais tous ceux d'entre vous qui sont aptes à porter les armes, vous marcherez en tête de vos frères israélites en tenue de combat» (Deutéronome 3:18). Aux centaines de promesses de ce livre du Deutéronome, correspondent des centaines de commandements, engageant les Israélites à s'emparer militairement du pays que Dieu leur donne. Comment Josué pouvait-il comprendre ces deux sortes d'indications apparemment contradictoires?

Puisque Dieu donne le pays, la possession en est donc assurée. La foi se saisit de la promesse et agit sur cette base. Nos efforts ne sont que le moyen de nous emparer de l'objet promis. Cette attitude nous permettra de nous approprier toutes les bénédictions spirituelles que Dieu tient en réserve pour nous qu'il s'agisse du salut (Jean 3:16), de la sanctification (Romains 6:1-12; Philippiens 2:12) ou des dons spirituels (2 Pierre 1:3-11).

Ainsi ce premier chapitre du livre de Josué nous enseigne les principes essentiels de la pédagogie divine que nous pouvons appliquer directement à nous. Nous retrouvons ces principes dans tous les livres de l'Ancien et du Nouveau Testament.

En notant d'une part ce qui concerne Dieu, de l'autre ce qui se rapporte à l'homme, nous sommes gardés de toute insistance unilatérale sur un seul des deux aspects complémentaires de toute œuvre divine. Les promesses et les récits d'interventions divines fortifient notre confiance en Dieu, les ordres et les exemples stimulent notre action, la juxtaposition des deux éduque notre foi.

3 | ÉTUDIONS L'ÉVANGILE

L'ÉTUDE PERSONNELLE DE LA BIBLE

L'étude de la Bible se distingue de la méditation *par son but*: elle vise l'enrichissement de nos connaissances, plutôt que le développement de notre vie intérieure.

Par ses moyens: elle fait appel à des méthodes plus rigoureuses d'examen du texte, elle procède, non par association libre des idées, mais par questions de date, lieu, ordre de succession... Elle s'adresse plus à l'intelligence qu'au sentiment et à la volonté.

Par le temps qui lui est *consacré:* la méditation se fait journellement, de préférence chaque matin. Elle ne demande que peu de temps. L'étude est plus exigeante: on ne peut guère s'y lancer à moins d'avoir une heure ou plus à sa disposition. Elle demande aussi un esprit alerte que la réflexion ne rebute pas.

Son but ultime n'est cependant pas d'accumuler des connaissances, mais de nous amener à mieux servir Dieu en nous familiarisant davantage avec sa volonté – ou d'aider les autres à le servir en leur faisant connaître cette volonté.

L'étude personnelle de la Bible est indispensable à tout serviteur de Dieu, quel que soit son ministère.

QUELQUES CONSEILS GÉNÉRAUX

Réservez le meilleur moment de votre temps libre à cette étude. Veillez à ce que vous ne soyez pas dérangés, ni distraits, par d'autres préoccupations. Rien n'agace davantage le diable que de nous voir étudier la Parole de Dieu; si nous n'y prenons pas garde, il aura tôt fait de nous aiguiller sur une voie de garage. Cherchez un endroit tranquille et solitaire – fût-il inconfortable (j'ai fait certaines de mes plus belles découvertes dans la Bible pendant la guerre, sur une caisse, dans un grenier).

Prenez votre Bible et du papier et laissez, pour commencer, tous les autres livres de côté. C'est l'Ecriture seule qui doit vous parler d'abord. Les commentaires peuvent être utiles pour nous conduire plus loin ou pour rectifier notre cours, mais ils ne devront jamais s'interposer entre Dieu et nous dans ce premier contact avec sa Parole.

Décidez à l'avance le sujet de votre étude et persévérez, même si, pour commencer, le champ paraît stérile. Ne papillonnez pas d'un sujet à l'autre, vous ne récolterez que déception. A force de creuser, vous découvrirez des trésors. Choisissez des sujets à votre mesure et allez jusqu'au bout de votre projet. Vous ne sonderez jamais l'Ecriture en vain.

On peut étudier un passage biblique précis, en dégager des conclusions sur tous les sujets qu'il aborde. On peut aussi se limiter à un thème et voir ce que l'ensemble d'un livre biblique – ou de la Bible – nous en dit. Il est bien plus facile d'étudier un passage biblique, plutôt qu'un thème. Le texte donne à notre étude un cadre précis et nous exerce à un travail rigoureux et approfondi.

A force d'étudier des textes, nous prendrons l'habitude d'en tirer rapidement des leçons évidentes. Nous dominerons différents sujets et nous pourrons aborder avec profit l'étude de quelques thèmes. Nous commencerons cette étude thématique en limitant notre champ d'investigation à un chapitre, puis à un livre biblique assez court avant d'étudier un sujet à travers toute l'Ecriture.

ÉTUDE D'UN TEXTE

Quelques conseils généraux:

Choisissez, pour commencer, un texte simple: un récit, un discours, une parabole ou un psaume, avant d'aborder une épître ou un livre prophétique.

1. Lisez le texte plusieurs fois, si possible dans des versions différentes.

2. Lisez le chapitre précédent et le suivant pour situer le passage choisi dans son contexte.

3. Cherchez les passages parallèles indiqués.

4. Faites le plan du texte. Résumez chaque partie en une phrase.

5. Posez-vous des questions auxquelles vous essaierez de répondre avec la Bible seule en vous servant abondamment des «Qui? Quoi? Où? Quand? Comment? Pourquoi?»

6. Demandez-vous ce que l'auteur voulait dire aux destinataires primitifs de l'écrit.

7. Posez-vous les questions: Qu'est-ce que Dieu veut me dire par lui? Qu'est-ce que Dieu veut nous dire? Que veut-il peut-être dire par moi à ceux que je côtoie journellement (promesses, avertissement, portée sociale du message)?

LA BIBLE À PARALLÈLES

Nous voudrions, dès à présent, attirer votre attention sur un outil de première importance déjà signalé dans les conseils pratiques: la Bible à parallèles.

Elle indique, pour chaque verset, la référence d'autres passages des Ecritures où une pensée analogue se retrouve. Si je lis une phrase dont je ne comprends pas bien le sens, je consulte «les parallèles» et souvent, un détail supplémentaire, une nuance différente, me permettent de mieux saisir la signification du premier passage. L'Ecriture elle-même reste le meilleur commentaire de l'Ecriture et le Saint-Esprit se sert souvent d'un autre texte inspiré pour éclairer la pensée divine.

Dans les évangiles, ou les livres des Rois et des Chroniques, nous pouvons comparer et compléter les récits du même événement. Lorsque des auteurs du Nouveau Testament citent des écrits de l'ancienne alliance, les parallèles nous permettent de relire le passage cité dans son contexte d'origine. Lorsque nous lisons l'Ancien Testament et cherchons les parallèles dans le Nouveau, nous voyons quelles applications en ont tirées les apôtres.

Les parallèles nous aident aussi à comprendre les passages difficiles. Si nous lisons par exemple un verset de l'épître aux Romains sur la justification par la foi, les parallèles nous renvoient à d'autres versets de l'épître où l'apôtre développe la même pensée. Ensuite, ils nous adressent aux autres épîtres de Paul où cette doctrine est exposée. Peut-être trouverons-nous aussi, parmi les parallèles, la référence d'une parabole (le publicain qui rentra justifié chez lui), d'un prophète de l'Ancien Testament, d'une épître de Pierre ou de Jean. Nous découvrirons ainsi l'unité profonde de la révélation biblique de l'ancienne à la nouvelle alliance. Souvent les parallèles nous indiquent aussi un récit biblique illustrant une vérité abstraite.

Nous pouvons, à l'aide de notre Bible à parallèles, faire de petites études thématiques. Le point de départ sera un verset où la pensée que nous aimerions creuser est clairement exposée. Notons-le sur une feuille et marquons-en dessous, dans la marge, toutes les références parallèles indiquées, en ayant soin de laisser, entre elles, la place nécessaire pour recopier chaque verset. Marquons d'un petit point le premier verset et recherchons les parallèles du deuxième. Lorsque nous aurons noté toutes les références parallèles indiquées, on cochera aussi ce verset d'un point. Nous nous arrêterons lorsque les parallèles n'auront plus trait à notre sujet. Si nous avons bien choisi le verset de départ, nous aurons sans doute trouvé l'essentiel de ce que la Bible nous dit sur ce sujet.

Outre les Bibles à parallèles signalées au chapitre 2, il existe un ouvrage qui donne 500 000 parallèles: *Treasury of Scripture Knowledge* (S. Bagster, 80, Wigmore Street, London W.1). Ce livre peut être utilisé sans connaissance de l'anglais, il suffit de savoir reconnaître l'abréviation des livres bibliques en anglais (John = Jean, James = Jacques, Rev. = Apocalypse...)

COMMENT ANNOTER SA BIBLE?

Beaucoup d'études peuvent être préparées ou facilitées par une annotation judicieuse de sa Bible. Annotons-la avec discrétion et méthode, sans barioler le texte à tort et à travers. Il faut avant tout qu'il reste lisible. Si possible la même couleur et le même signe doivent garder leur signification à travers toute la Bible.

Nous pouvons souligner (en trait plein, pointillé, trait-point-trait, double sinueux, oblique...) ou encadrer un mot (en entier ou sur deux ou trois côtés). En repassant les lettres en couleur, de nombreuses possibilités s'offrent à nous: droit, italique, penché en arrière, minuscules remplacées par des majuscules, une seule lettre repassée ou remplie dans un mot (les o de offrir, offrande, le j de joie, le s de sang...) Nous pouvons aussi utiliser de nombreux signes dans le texte ou dans la marge pour repérer une même pensée: points, angles, cercles, demi-cercles, guillemets... au début ou à la fin du mot, dessus ou dessous, lettres dans la marge... En combinant ces différents procédés avec les quatre couleurs habituelles des stylos à billes nous disposons déjà de plus d'une centaine de possibilités d'annotations différentes qui ne nuisent en rien à la lisibilité du texte. Il suffirait d'étendre la gamme des couleurs et des signes pour multiplier ces possibilités.

On pourra ainsi établir de véritables «chaînes» de références thématiques, à travers toute la Bible et retrouver immédiatement par leur couleur ou leur signe, les versets qui parlent de la rédemption, du pardon des péchés, de l'amour, de la joie, la paix, l'espérance ou de certaines vérités particulières: le baptême, la prière, Satan, l'occultisme...

Après quelques années, notre Bible, personnalisée par ces annotations, sera devenue notre plus précieux instrument de travail. Mais peut-être, pour garder la fraîcheur de nos réactions devant le texte, déciderons-nous alors d'acheter une autre Bible que nous garderons vierge de toute annotation pour ne pas glisser dans des ornières de pensées déjà vues.

L'ÉTUDE D'UN RÉCIT BIBLIQUE

Commençons l'étude de l'Evangile par un récit. Les évangiles sont constitués essentiellement de textes narratifs. Ces textes sont faciles à comprendre: même des enfants sont capables d'en dégager les leçons essentielles.

Les principes d'étude d'un récit des évangiles sont valables pour tous les textes narratifs de la Bible.

1. Nous commençons par lire attentivement le texte, puis par le relire dans son contexte: chapitre précédent et chapitre suivant. Nous lisons aussi les récits parallèles dans les évangiles synoptiques (Matthieu, Marc, Luc ou dans les livres des Rois et des Chroniques, s'il s'agit d'un texte tiré de l'un de ces livres).

2. Relevons les détails qui nous aident à mieux comprendre ce qui s'est passé. Posons-nous les questions usuelles:

QUAND?

A quelle époque de l'histoire du peuple de Dieu, de la vie de Jésus ou de l'Eglise primitive se situe ce récit? Quels événements antérieurs expliquent certains détails? A quel moment de l'année, quelle heure de la journée?

OÙ?

Localiser l'endroit sur une carte d'Israël ou du Moyen-Orient. Que savons-nous de ce lieu? Que s'y est-il passé avant? Que nous apprennent d'autres récits sur cet endroit? (Une concordance nous permettra de trouver tous les passages où il en est question.) Y fait-il chaud ou frais? Y a-t-il de l'eau? Est-ce près ou loin des habitations? A quelle distance d'autres lieux cités avant ou après?

Parfois ces détails géographiques éclairent certains aspects du récit.

QUI?

Quels sont les personnages? Que savons-nous de leur passé (lire au début du même livre)?

QUOI?

L'action: Préparation lointaine – préparation immédiate. L'intervention de gens de l'extérieur. Que font les différents personnages? Que disent-ils? Comment les divers moments s'enchaînent-ils? Quel était le cours probable des événements sans l'intervention de Dieu? Aurions-nous agi comme ces personnages? Quelles sont les conséquences de leur action? Qui avait le rôle déterminant? Pourquoi agissent-ils ainsi?

POURQUOI?

Que veut nous apprendre Dieu par ce récit? Quelle signification cet événement a-t-il pour les personnes du récit? pour l'Eglise primitive? pour nous? Que nous apprend-il sur Dieu, sur Jésus, sur les hommes, sur le diable? Quelle leçon centrale puis-je en tirer pour ma vie de tous les jours?

Appliquons ces principes à l'un des premiers récits des évangiles.

LA VISITE DES MAGES (MATTHIEU 2:1-12)

Quand?

Au début de la nouvelle alliance.

«Au temps du roi Hérode».

Evénements antérieurs? La naissance de Jésus (Matthieu 1). Sans doute l'espérance messianique juive a-t-elle été diffusée depuis longtemps à travers «l'Orient».

Aucune précision ne nous est donnée sur le temps qui sépare la naissance de Jésus de la visite des mages, mais à la fin du récit, Hérode fera massacrer «tous les garçons en-dessous de deux ans... selon la date dont il s'était soigneusement enquis auprès des mages». Donc probablement leur voyage a duré plusieurs mois.

· Où?

Lieu de l'action: Jérusalem et Bethléhem (voir sur la carte la distance qui les sépare).

Que savons-nous de Jérusalem? (Lieu du palais d'Hérode, du Temple reconstruit, résidence des grands-prêtres.)
– de Bethléhem? (v. 6, parallèles indiqués: Ruth 1:1).
– «venant de l'Orient». L'Orient était pour les Juifs comme pour nous la direction du soleil levant (puisqu'ils se plaçaient face au soleil levant pour s'«orienter»).
L'Orient comprenait donc la Perse, l'Arabie et la Mésopotamie. Les mages sont venus de l'un de ces pays.

Qui?

Trois groupes de personnages: les mages, Hérode, les grands-prêtres et les scribes.

Les mages: des savants qui avaient étudié l'astronomie, les textes sacrés de leur peuple et des peuples environnants. Ils connaissaient probablement la prophétie de Balaam (parallèle indiqué: Nombres 24:17) et peut-être celle de Daniel (9:24).[1]

C'étaient des gens riches (ils peuvent s'absenter longtemps de chez eux, entreprendre un voyage coûteux, ils apportent de l'or, de l'encens et de la myrrhe).

Hérode: nous apprenons à connaître sa cruauté par la fin du récit (v. 16).[2]

Les grands-prêtres et les scribes: voir les parallèles indiqués: Malachie 2:7; Matthieu 23:2; Esdras 7:6 pour être renseigné sur leurs fonctions.

C'est l'élite intellectuelle et religieuse d'Israël.

---

1. Dans des commentaires nous pourrons trouver des détails supplémentaires: Selon le témoignage de Tacite et de Suétone une tradition était répandue dans tout l'Orient: un homme devait sortir de Judée pour dominer le monde. Une étoile devait annoncer sa naissance. Dans le «Testament des douze Patriarches», document juif du 1er siècle, il est écrit: «Un astre particulier s'élèvera pour lui dans le ciel, comme d'un roi.»
Les mages scrutent le ciel et voient une étoile plus brillante que les autres (Selon Képler, célèbre astronome du 17ème siècle, la conjonction de Jupiter, Saturne, Mars et d'une étoile fixe devait s'être produite à l'époque de la naissance du Christ. Donnant l'impression d'une étoile unique d'un brillant extraordinaire, le même phénomène se reproduit tous les huit siècles et a été observé par Képler en 1604.
2. Les écrits des Juifs contemporains nous en brossent un sombre tableau: fils d'un traître, il usurpe le trône, épouse une nièce du roi évincé pour légitimer sa

Quoi?

L'action.

Préparation lointaine: les prophéties de l'Ancien Testament, le séjour des Israélites dans l'«Orient».

Préparation immédiate: lire Matthieu 2 et le récit parallèle dans Luc.

Ce que font les mages: comment réagissent-ils à la vue de l'étoile? Pourquoi se sont-ils mis en chemin? (v. 2). Qu'ont-ils dû faire en route? Que feront-ils à Bethléhem? Que fait Hérode? Pourquoi assemble-t-il les prêtres et les spécialistes de la Loi? Pourquoi appelle-t-il les mages «en secret»? Pourquoi se fait-il «préciser à quel moment l'étoile leur était apparue» (v. 7)? Pourquoi les envoie-t-il à Bethléhem et leur demande-t-il de revenir l'informer? Pourquoi ajoute-t-il «pour que j'aille, moi aussi, lui rendre hommage»? Pourquoi agira-t-il comme il nous est dit au v. 16?

Que font les prêtres et les spécialiestes de la Loi? Connaissent-ils leur Bible? Auraient-ils pu savoir ce que leur ont appris les mages? (Daniel 9:24). Pourquoi sont-ils troublés comme Hérode (v. 3)? Attendaient-ils le Messie? Que n'ont-ils pas fait? (Bethléhem est à 8 km de Jérusalem.) Qu'auraient-ils pu y apprendre? N'auraient-ils pas pu avoir connaissance des faits rapportés dans Luc 1:57-80; 2:21-38? Pourquoi ont-ils indiqué le lieu de naissance du Messie à leur ennemi juré: Hérode l'Iduméen? Qu'est-ce qui leur importe plus que la naissance du Messie? De quoi ont-ils peur?

Pourquoi?

Quel eût été le cours normal des événements sans l'intervention de Dieu? Que pouvons-nous apprendre des différents personnages de ce récit? Comme les mages, utilisons-nous nos

---

royauté mais tue sa femme. Il fait assassiner ses deux beaux-frères, sa belle-mère et des enfants d'un lointain parent des anciens rois. Il fait même étrangler ses propres enfants, craignant qu'ils ne veulent un jour venger leur mère. Méfiant et peureux, il sursautait au moindre bruit. Sa folie de persécution redoublait sa cruauté. Nous comprenons mieux pourquoi «il fut troublé».

connaissances, même fragmentaires, pour la gloire de Dieu? Sommes-nous, comme eux, préoccupés d'une chose: d'adorer le Christ? Ne nous laissons-nous pas troubler par l'hostilité de certains (v. 3), l'indifférence des gens religieux (v. 5-6), l'humilité des apparences extérieures (v. 11a)? Mettons-nous nos trésors à la disposition du Christ (v. 11 b)? Obéissons-nous aux ordres divins comme eux (v. 12)? Serions-nous aussi troublés par l'annonce de l'avènement du Christ.[3]

Nos connaissances bibliques nous laissent-elles incrédules et indifférents, comme les prêtres et les spécialistes de la Loi? Faisons-nous cause commune avec les ennemis du Christ?

Quelle est la signification de ce récit dans l'histoire biblique?

Au début de la vie de Jésus, des païens viennent l'adorer; ne serait-ce pas un signe annonciateur de la venue d'une nouvelle alliance qui ne serait plus réservée exclusivement aux Juifs, une préfiguration de l'entrée des païens dans l'Eglise (cf. Matthieu 8:11)? En même temps, le peuple préparé depuis des siècles à la venue du Messie est troublé par l'annonce de sa naissance. Dès le début, sa royauté sera contestée, le conflit entre l'homme-roi et le Christ-roi éclate (Jean 1:11; Luc 19:14). Mais au milieu de l'incrédulité et de l'hostilité, des hommes trouvent le chemin de la foi et de l'adoration: symbole de la petite minorité qui reconnaîtra en Christ, malgré son humble apparence, le Seigneur du monde.

L'ÉTUDE D'UN DISCOURS

Nous trouvons un certain nombre de discours dans l'Ancien Testament et dans le Nouveau Testament. Les livres des prophètes consistent presque uniquement en discours. Une

---

3. «L'homme roi ne peut qu' être troublé par l'avènement du Christ. Il ne peut pas tolérer l'existence et l'intervention du Christ dans son royaume, car il sait que la royauté du Christ signifie son dépouillement, la fin de son propre règne». (H. Roux: *L'Evangile du royaume,* Paris 1942, p. 26).

bonne partie de l'Evangile de Matthieu nous rapporte des discours de Jésus. Les Actes résument les prédications d'apôtres et d'autres disciples. Quelles règles particulières s'appliquent à l'interprétation des discours bibliques?

SITUATION

Où et quand a été prononcé ce discours? A quel moment de l'histoire du salut? Quelles circonstances l'ont précédé? Qu'est-ce qui l'a provoqué?
Exemple: Matthieu 24: le discours sur le retour du Christ. Circonstances qui ont précédé: 23:37-39. Motif immédiat: 24:1-3 (cp. Marc 13:1-4; Luc 21:5-7).

AUDITEURS

Croyants ou incroyants? Disciples ou adversaires? Juifs ou non-Juifs? Que savons-nous de leur attitude antérieure? Quelles sont leurs dispositions à l'égard de celui qui parle (sympathiques, hostiles)? Sont-ils attentifs ou faut-il soutenir leur intérêt? Quel est leur degré de compréhension spirituelle? Sont-ils capables de comprendre la leçon centrale? Ont-ils déjà entendu plusieurs fois l'orateur? Depuis combien de temps le connaissent-ils? Ecoutent-ils sans interrompre ou motivent-ils un changement du discours par leurs questions ou leurs critiques (cf. Jean 8)?

LE CONTENU DU DISCOURS

Donner un titre général. Essayer de le résumer en une phrase. Pourquoi l'orateur a-t-il eu à cœur de dire cela? Quelle est la «pointe» du discours? Qui a-t-il visé essentiellement? Quelle est l'intention principale: accusation, encouragement, exhortation à l'action, à une décision, appel à l'espérance, à la vigilance, à la foi?

Rapprocher le texte de passages qui contiennent les mêmes pensées (lettres, récits, paraboles). Quel enseignement original apporte le discours?

LA STRUCTURE DU DISCOURS

Comment est-il construit? Point de départ et point d'arrivée? Différentes parties? Essayer de résumer chaque développement partiel par une phrase. Comment les différents arguments s'enchaînent-ils? Quelles sont les charnières? Construirions-nous notre argumentation de la même manière? De quelles images se sert l'orateur? Comment les exploite-t-il? Citations directes ou indirectes de l'Ecriture? Comment l'interprète-t-il? Comparons à l'Ancien Testament et lisons le contexte (beaucoup de citations de l'Ancien Testament dans le Nouveau Testament sont faites d'après la version grecque des «Septante»).

Les réponses à des objections sous-entendues: reconstituer l'objection d'après la réponse. Les «parenthèses» c'est-à-dire les développements digressifs: pourquoi cette digression qui se greffe sur un mot interrompt-elle le cours de la pensée? Où commence et où finit-elle? Le discours continue-t-il sur la même ligne qu'avant? Jalonner le discours en laissant de côté les parenthèses donne un développement beaucoup plus rectiligne, plus proche du nôtre. Tenir compte du fait que la Bible ne contient qu'un résumé du discours: des liaisons ont pu être omises, il faut les sous-entendre. Certaines phrases marquantes sont reproduites textuellement, d'autres sont condensées en quelques mots. Le Saint-Esprit en inspirant le rédacteur a gardé l'essentiel pour nous.

LE RÉSULTAT

L'effet sur les auditeurs (cf. Actes 2:37; 7:54-57; 20:38)? Quelle parole a produit plus directement cet effet? Conséquences du discours: actes, paroles, décisions. Le résultat désiré a-t-il été atteint? Pourquoi ou pourquoi pas? Quelle fut l'action du Saint-Esprit par le moyen de l'orateur (effet que de simples paroles n'auraient pu produire)? Ce discours a-t-il des répercussions lointaines (discours des prophètes cités dans le Nouveau Testament – paroles de Jésus reprises dans les Actes ou les épîtres)?

Quelles leçons en tirons-nous pour nos discours? (Importance des citations de l'Ecriture, leur exploitation dirigée par le Saint-Esprit, logique de l'argumentation, viser droit au but.)

L'ÉTUDE D'UNE PARABOLE

Jésus a raconté une quarantaine de paraboles. Elles constituent l'un des aspects les plus originaux et les plus profonds de son enseignement.

POURQUOI JÉSUS S'EST-IL SERVI DE CE GENRE DE DISCOURS?

Ses auditeurs y étaient habitués

L'Ancien Testament contient quelques paraboles (Exode 2 Samuel 12:1-7; Esaïe 5:1-7).

L'image frappe l'attention

L'un des sens usuels du mot grec *parabolè* est: heurter. C'était le terme utilisé pour l'abordage de deux bateaux. Tous les éducateurs et orateurs savent que lorsque l'attention baisse, il suffit de raconter une histoire pour la ranimer.

L'image se fixe mieux dans la mémoire que le discours abstrait

Jésus savait que, sans le Saint-Esprit, ses disciples ne pourraient comprendre tout son enseignement. La parabole se gravera dans leur mémoire et y restera jusqu'au jour où le Saint-Esprit leur permettra d'en saisir le sens.

L'image force à la réflexion

Etymologiquement le mot parabole veut dire: jeté à côté. A côté d'un récit purement humain, on a jeté une signification spirituelle. C'est «une histoire terrestre avec un sens céleste». Entre les choses d'ici-bas et les réalités spirituelles existe une affinité profonde, elles sont deux manifestations diverses d'une même pensée divine. Pour Jésus, tout parlait de Dieu et de son royaume. Dans ses paraboles, il nous dit: «Vous voulez connaître le royaume de Dieu? Regardez autour de vous. Il est semblable à...» La comparaison, il est vrai, n'est pas toujours facile à saisir. Mais Jésus ne cherche pas la facilité; au contraire, il veut faire réfléchir ses auditeurs.

Il veut les faire participer intérieurement à la conquête de la vérité qui sauve. De là aussi ces interrogations directes qui se trouvent dans maintes paraboles: Que vous en semble?... Ne fallait-il pas?... Lequel des deux?... «Ce que le maître a particulièrement en horreur c'est la passivité des âmes» (A. Aeschimann).[4] Il ne faut donc pas nous étonner si l'interprétation correcte d'une parabole exige un travail de réflexion.

La parabole opérait un tri entre les auditeurs

Lire Matthieu 13:1-3, 10-17. Elle les partageait entre ceux qui veulent suivre Jésus et comprendre son enseignement et ceux qui ne veulent pas faire l'effort nécessaire parce qu'au fond, ils ne désirent pas suivre Jésus.

Pour interpréter correctement les paraboles, il nous faudra donc consentir à faire un effort de réflexion et surtout bien l'orienter. Pendant des siècles, on a tiré des paraboles tout ce qu'on avait envie de trouver dans la Bible, et qu'on ne découvrait pas dans les passages clairs (l'ordre de succession de la papauté, la justification des théories gnostiques, du nombre des sacrements...). Les Pères de l'Eglise les ont interprétées comme des allégories, c'est-à-dire des images dans lesquelles chaque détail a sa signification. Ainsi, pour Origène, les cinq lampes des cinq vierges sages sont nos cinq sens.[5]

Pour Luther, les deux ailes de la poule qui rassemble ses poussins (Luc 13:34) sont l'Ancien et le Nouveau Testament. Tel prédicateur déduit de la parabole des dix vierges que la moitié seulement des chrétiens seront finalement sauvés.

---

4.   *Pour qu'on lise les Paraboles*, (Les bergers et les mages, Paris, 1964), p. 10.
5.   Voir F. Quiévreux: *La Parabole*, (Je sers, Paris 1946), pp. 104 ss. .

Quelles règles faut-il donc respecter pour interpréter correctement les paraboles?

RECHERCHER LA VÉRITÉ CENTRALE

Par chaque parabole, Jésus a voulu illustrer un *enseignement*. La parabole ne contient donc pas un résumé symbolique de l'ensemble de la doctrine chrétienne, elle n'en éclaire qu'un aspect. C'est ce trait principal («la pointe de la parabole») qu'il s'agit de découvrir. Il se trouve à l'aide du contexte; c'est-à-dire des circonstances dans lesquelles la parabole a été prononcée (ex. Luc 19:11-12), des personnes auxquelles elle s'adressait (ex. Luc 15:1-3, 19:9), de l'introduction (ex. Luc 18:1) ou de la conclusion (Luc 16:9; 17:10) qui en précise l'application. Parfois le Seigneur lui-même fournit l'explication (ex. Matthieu 22:14; 25:13; Luc 12:21) parfois c'est l'évangéliste (Luc 15:1-3; 18:1). Dans certains cas, le discours qui suit et la réaction des auditeurs donnent la clé de l'enseignement central (ex. Luc 16:9-15).

Il faut se souvenir que les paraboles, avant d'être écrites, ont été prononcées devant un auditoire précis pour répondre à une situation donnée, généralement un conflit entre Jésus et une partie de son auditoire: elles sont des armes de combat pour attaquer, défendre ou provoquer la réaction. Pour bien les comprendre, il faut donc les replacer dans les circonstances historiques qui leur ont donné naissance. Le trait principal se reconnaît encore à son relief (c'est-à-dire l'importance qu'il a dans le récit ou dans son explication, à la facilité de lui subordonner les autres traits, à son accord harmonieux avec le contexte historique ou doctrinal. «Si nous possédons la bonne clé, non seulement elle ouvrira, mais encore elle tournera sans grincement, sans effort» (R.C. Trench, *Les Paraboles*, p. 35).

SUBORDONNER LES TRAITS SECONDAIRES AU TRAIT PRINCIPAL

Ces traits secondaires servent généralement à mettre le trait principal en relief: les caroubes, objet de la convoitise du fils prodigue, témoignent de la misère extrême dans laquelle il était tombé, image de la misère et des désirs insatisfaits de l'homme qui s'est éloigné de Dieu. La robe, l'anneau et le soulier que le père lui donne sont autant de marques de son amour et de sa sollicitude, ces cadeaux prouvent et soulignent le pardon accordé à celui qui revient à son Père.

Dans les paraboles du semeur et de l'ivraie que Jésus lui-même a expliquées, nous trouvons, il est vrai, une correspondance entre quelques éléments de la parabole et des réalités spirituelles; mais en regardant de plus près, nous nous rendons compte que plusieurs détails n'ont pas reçu d'explication. D'autre part, les symboles expliqués (semence = Parole de Dieu; chemin = cœur endurci; oiseaux = diable; soleil = tribulations) constituent autant d'éléments d'une leçon unique et cohérente: les différentes manières de recevoir la Parole de Dieu et leur incidence sur les fruits qu'elle porte en nous.

C'est autour de cette vérité centrale qu'il faut regrouper tous les éléments symboliques secondaires.

SE SERVIR DE LA PARABOLE COMME ILLUSTRATION – NON COMME SOURCE – DE LA DOCTRINE BIBLIQUE.

Une image ne saurait constituer la base d'une règle de foi. Toute doctrine doit s'appuyer sur des déclarations claires et explicites des Ecritures et non sur une interprétation d'un texte symbolique. Les hérétiques de tous les siècles se sont servis des paraboles pour justifier leurs extravagances, ils ont vu dans les personnages des paraboles le Démiurge des Gnostiques, la Sagesse, le Pape, les Goths et les Lombards, la doctrine de Calvin et l'Eglise de Genève...[6]

Il nous faudra donc toujours appuyer la vérité centrale de notre parabole sur un certain nombre de citations claires des discours de Jésus ou des lettres des apôtres.

L'interprétation des paraboles demande autant de prudence et d'humilité que de connaissance de l'ensemble des Ecritures.

---

6. Voir: R.I. Trench: *Les paraboles de notre Seigneur* (Lausanne, 1879) pp. 35 ss.

UNE PARABOLE FACILE

LE BON SAMARITAIN (LUC 10:25-37)

Selon les principes énoncés dans le chapitre précédent, cherchons le trait essentiel de cette parabole.

LA VÉRITÉ CENTRALE

Les circonstances

Les circonstances dans lesquelles la parabole a été prononcée nous aident à la découvrir.
Où se passe la scène (v. 25)? Qui pose la question? Pourquoi la pose-t-il? (cf. Luc 20:20, 27; Matthieu 22:35). Comment formule-t-il sa question? (analyser chaque mot). Que laisse supposer cette question? (Dieu n'a pas expliqué avec suffisamment de clarté ce qu'il faut faire si lui, docteur de la Loi, ne l'a pas compris). Cet homme, devant les spectateurs, veut poser une question de controverse théologique pour éprouver Jésus. (Cf. Luc 18:18; Matthieu 22:34.)
La réponse de Jésus, v. 26. Pourquoi renvoie-t-il à l'Ecriture? (un docteur de la Loi devrait connaître la réponse). Si cet homme avait été sincère, que lui aurait répondu Jésus (cf. Jean 6:28).
Quelle question a directement motivé la parabole (v. 29)? Quel sentiment inspirait le docteur de la Loi? («Il voulait se justifier» devant qui? Devant Jésus ou la galerie?)

La parabole

Où se passe la scène? (Gorges arides et resserrées, région sauvage et infestée de brigands.) Quels en sont les personnages?

L'action

Que font les bandits? Pourquoi le prêtre «ayant vu cet homme, passa outre»? et le lévite?
Que savons-nous des Samaritains? Que fait celui-ci? Pourquoi? (v. 33).

L'APPLICATION

Par Jésus au docteur de la Loi: v. 36

Répond-il à la question du docteur de la Loi? Pourquoi ne le fait-il pas? Parce que la question était mal posée, l'égoïsme demande: «Qui est mon prochain?» Mais la parabole répond à la question: «Comment puis-je être un prochain pour les autres?» Pour le spécialiste de la Loi, le mot prochain a un sens passif; c'est celui qui bénéficie de ma charité, auquel je dois faire du bien; pour Jésus, le mot a un sens actif: c'est celui qui exerce la charité. V. 36: «Lequel des trois s'est montré le prochain de l'homme qui avait été victime des brigands?...» La parabole répond à cette question: «Comment puis-je me montrer prochain?»

1. En m'approchant des hommes pour connaître leurs besoins, sans me demander s'ils ont droit ou non à mon amour,

2. en ayant compassion d'eux (compatir = souffrir avec),

3. en mettant à leur disposition ce que j'ai pour les secourir (huile, vin), en les suivant jusqu'à leur rétablissement (hôtellerie, deniers donnés à l'hôtelier), c'est-à-dire en payant de ma personne, de mon temps et de mes ressources. Et cela dans le désert: sans être vu, sans poser de questions, sans exiger de garanties, ni escompter de reconnaissance.

A nous-mêmes

1. Message de condamnation: nous nous reconnaissons bien plus dans le prêtre et le lévite que dans le Samaritain.

2. Message d'exhortation: «Va et toi fais de même.»

Application symbolique

Après avoir vu l'application première et essentielle de la parabole, nous pouvons nous demander s'il ne serait pas possible de prolonger les lignes et de discerner, en filigrane, derrière les personnages de la parabole, les principaux acteurs de l'histoire de l'humanité.

L'homme, qui descend de Jérusalem, la ville sainte, vers Jéricho, la cité maudite (cf. Josué 6:26, I Rois 16:34), pourrait bien représenter Adam et, avec lui, l'homme en général, qui abandonne la présence de Dieu pour une vie loin de lui. Il tombe (Romains 5:12) au milieu des brigands (cf. Jean 8:44) qui le dépouillent (de son vêtement de gloire), le rouent de coups (souffrances, maladies, guerres...) et le laissent à demi-mort (spirituellement mort: Ephésiens 2:1– voué à la mort physique: Romains 6:23).

Ni le prêtre, ni le lévite (la religion, les rites, les bonnes œuvres) n'ont relevé l'homme.

«Mais (cf. le «mais» de Romains 3:21 et Ephésiens 2:4) un Samaritain (Esaïe 53:3; Jean 8:48) qui voyageait (Matthieu 8:20) est ému de compassion (Matthieu 9:36); il s'approche (Luc 10:9) et soigne ses plaies (Esaïe 30:26) en y versant de l'huile et du vin (pour guérir ses blessures, Matthieu 8:17; on peut aussi y voir des symboles de la mort du Christ (vin = sang) et de l'effusion de son Esprit, (l'huile), puis il le met sur sa propre monture (Psaume 107:7) le conduit à une hôtellerie (Actes 2:47) et prend soin de lui (I Pierre 5:7). Le lendemain, il tire deux deniers (Ephésiens 4:8-11; I Corinthiens 12:7-10)... à mon retour (Jean 14:3, 28; Actes 1:11).» Ces vérités ne sont pas tirées de la parabole, elles sont affirmées clairement par le reste de l'Ecriture; il y a simplement entre le récit de Jésus et son propre itinéraire un parallélisme frappant qui peut nous amener, par une avenue nouvelle, à louer Dieu pour l'amour que son Fils nous a témoigné.

Nous pouvons aussi, au lieu d'appliquer l'histoire à l'ensemble de l'humanité, la rapporter à chacun de nous personnellement, ou bien nous identifier au lévite, au pharisien, ou bien nous identifier à cet homme tombé entre les mains des brigands. Le Christ s'approche de nous pour nous relever et nous guérir.

UNE PARABOLE DIFFICILE

L'ECONOME INFIDÈLE (LUC 16:1-8)

La parabole de l'économe infidèle est réputée la plus difficile à interpréter. Des livres entiers lui ont été consacrés. D'où vient la difficulté? Jésus semble donner en exemple à ses disciples, un filou qui a volé son maître. Les théologiens les plus renommés ont proposé des explications parfois invraisemblables. N'a-t-on pas vu tour à tour dans l'intendant malhonnête: les pharisiens, les païens, Judas, le diable, les collecteurs d'impôts, les Juifs fortunés, et l'apôtre Paul lui-même?

En appliquant les principes généraux énoncés plus haut, il nous est certainement possible de trouver un sens plus proche des intentions véritables de Jésus.

LE CONTEXTE

D'abord le contexte général de l'enseignement de Jésus, puis celui de l'évangile de Luc qui nous la rapporte.

La parabole a été prononcée vers la fin du ministère de Jésus. Les paraboles du ministère galiléen, c'est-à-dire du début, avaient posé les principes généraux de la vie chrétienne. A présent, Jésus a devant lui des disciples déjà informés, habitués à ce genre d'enseignement et capables d'assimiler un enseignement plus substantiel. Les dernières paraboles abordent des aspects particuliers de la vie chrétienne: la vigilance, la prière, le pardon mutuel... D'autre part, Jésus sachant son sort décidé, ne ménage plus ses adversaires. Souvent les paraboles prennent un tour polémique très direct comme dans la parabole des deux fils (Matthieu 21:28 ss), des mauvais vignerons (Matthieu 21:33 ss), du festin des noces (Matthieu 22:1 ss). Luc nous fait connaître la réaction des pharisiens à cette parabole (16:14): ils ont compris que Jésus les visait.

La succession des paraboles rapportées dans ces chapitres par Luc est significative. Au chapitre 15, trois paraboles: la brebis égarée, la drachme perdue, le fils prodigue nous parlent de la vie nouvelle donnée par Dieu à ceux qui se laissent trouver par le Bon Berger, ceux qui reviennent à leur Père avec des sentiments repentants.

Après notre parabole se trouve celle du mauvais riche qui stigmatise le mauvais emploi des biens que Dieu lui avait confiés et montre que l'avenir sera fonction de l'emploi de ces biens ici-bas. Logiquement nous nous attendons, avant le cliché négatif, à un enseignement positif sur le bon emploi de la vie nouvelle et des biens que Dieu nous a confiés.

Le contexte immédiat nous donne encore plus de précisions: après la parabole, Luc nous rapporte un discours de Jésus sur l'emploi des richesses. La première phrase de ce discours reprend l'enseignement essentiel de la parabole (v. 9). La réaction hostile des pharisiens est motivée par cette explication: «les pharisiens qui étaient avares...» Le centre de gravité de la parabole paraît donc bien être l'emploi des richesses ou, d'une manière plus générale, des biens que Dieu nous confie.

L'INTERPRÉTATION DE LA PARABOLE

«Un homme riche»: Dieu est le seul propriétaire de tous les biens d'ici-bas. (cf. Psaume 24:1; Aggée 2:8). «Avait un économe»: la vraie position du croyant est celle d'un gérant, c'est-à-dire de quelqu'un qui a la responsabilité des biens qu'on lui a confiés sans en être le propriétaire. «Qui lui fut dénoncé»: notre gérance des biens du Maître est constamment surveillée par des témoins invisibles et inconnus qui en font rapport au Maître. Sont-ce les anges (cf. Luc 19:24), d'autres hommes (cf. Matthieu 18:31; Jacques 5:4), ou les deux?

«Comme dissipant ses biens»: l'économe se conduit en propriétaire, il dilapide (même terme que Luc 15:13) le bien d'autrui pour sa propre jouissance.

«Il l'appela...: Rends compte de ton administration»: un jour il nous sera demandé compte de notre gestion (cf. Luc 19:15).

«Car tu ne pourras plus administrer mes biens. L'économe se dit en lui-même...»: comme lui, nous ne trouvons le bon emploi de l'argent qu'à partir du moment où nous nous rendons compte du temps limité durant lequel la gérance des biens est encore entre nos mains. «Que ferai-je puisque mon maître m'ôte l'administration de ses biens?»: comme le fils prodigue, il rentre en lui-même. L'appel du maître l'oblige à orienter ses pensées du présent, dans lequel il s'était si bien installé, vers le futur incertain. Le court laps de temps qui nous reste avant de comparaître devant le Maître pour lui rendre nos comptes, devra être utilisé pour assurer notre avenir «au-delà» du Jugement.

«Travailler à la terre...? mendier...?»: il commence par faire l'inventaire des solutions inacceptables.

Comment comprendre la solution trouvée – c'est-à-dire celle que Jésus nous recommande pour l'emploi de nos richesses? L'économe détient encore la gérance légale des biens: il va se servir de sa position pour diminuer la charge des débiteurs de son maître et s'en faire ainsi des amis («et moi je vous dis: Faites-vous des amis avec les richesses injustes...»)

Là réside donc la pointe de la parabole. Jésus nous demande d'utiliser, comme cet intendant, les richesses injustes (lit.: Le Mammon d'iniquité: toute richesse est plus ou moins entachée d'injustice) pour gagner des amis, en diminuant la charge (physique ou morale) de nos prochains (2 Corinthiens 9:12-14; Philippiens 1:3-8; 4:10, 15-19; Apocalypse 14:13) «pour qu'ils vous reçoivent dans les tabernacles éternels quand elles viendront à vous manquer» (cf. Matthieu 6:19-20; 19:21; Luc 14:14; 1 Timothée 6:18-19; Hébreux 6:10; Apocalypse 19:8).

Le verset 8 a souvent été présenté comme contenant la leçon essentielle de cette parabole: Jésus aurait voulu donner la prévoyance ou l'habileté de l'économe en exemple à ses disciples. La traduction de ce verset est délicate et importante. La plus convaincante paraît être celle du P. Pautrel: «Le maître donna son «Vu et approuvé» à ce filou d'intendant, car le malin s'y était bien pris».

Pourquoi réussit-il dans son entreprise? «Car les enfants de ce siècle sont plus avisés, plus sages envers ceux de leur espèce que ne le sont les enfants de lumière». Ils sont plus logiques, et plus conséquents. Ils ont un seul but dans leur vie: amasser le plus d'argent possible pour leur confort et leur jouissance. Ils consacrent à cette ambition toutes leurs forces, leur intelligence et leur temps.

Les enfants de lumière prétendent n'avoir qu'un but dans leur vie: servir les intérêts de Dieu. S'ils agissaient comme cet économe après la mise en demeure du maître, toute leur pensée serait reconvertie au service du royaume qui vient et leur but serait atteint bien plus rapidement.

Ainsi à partir du cliché négatif de ce film, de cet économe malhonnête qui est un véritable «enfant de ce siècle», Jésus développe une image précise de l'emploi de nos biens, de nos talents, de notre vie tout entière au service de Dieu et du prochain. Les paraboles du juge inique (Luc 18:1-7) et de l'ami importun (Luc 11:5-13) sont construites sur ce même principe du cliché négatif.

QUESTIONNAIRE POUR L'ÉTUDE PERSONNELLE D'UNE PARABOLE

LES MINES (LUC 19:11-28)

La parabole des mines possède un double foyer: deux épisodes s'entremêlent intimement: les serviteurs auxquels le Maître confie des mines pour qu'ils les fassent valoir durant son absence – le prétendant investi de la royauté.

Pourquoi Jésus a-t-il prononcé cette parabole (v. 11)?

L'HISTOIRE

Quels en sont les personnages? (4 groupes: v. 12, 13, 14, 24, «ceux»).

L'action: deux actions parallèles ayant pour centres:
A. les serviteurs
B. les concitoyens

Départ (A)

Pour où? Pour quoi? (situation contemporaine: les «Hérode» devaient aller à Rome, le Sénat les investit).

Que fait-il avant (v. 13)? Pourquoi?

L'ambassade des concitoyens hostiles (B)

(Fait contemporain et récent: pour Archélaüs, ambassade de 50 Juifs envoyés à Rome pour supplier Auguste de ne pas le faire roi). Pourquoi (v. 14)?

Retour (A)

- Il a été investi. Que fait-il? Pourquoi?
- les récompenses (proportionnelles),

- le 3e serviteur: raisons invoquées? motif de la condamnation (v. 22),
- la réaction du 4e groupe (v. 25),
- loi du maître (v. 26, contraire de l'ordinaire).

Châtiment des ennemis (B)

Châtiment capital et immédiat.

Conclusion: v. 28.

L'INTERPRÉTATION

L'épisode B

Dirigé contre quelle erreur? (v. 11).

Qui est l'homme de haute naissance? Où va-t-il? Il promet son retour (v. 12c). Reste longtemps absent (un serviteur a pu décupler sa mine). Qui reste dans le pays? (v. 13 et 14).

L'hostilité n'empêche pas l'investiture. Quels événements auront lieu au retour? (v. 15-24, 27).

L'épisode A

Qui sont les serviteurs?

Parmi qui doivent-ils faire valoir les mines? (v. 14). Que peut rapporter cette mine? (v. 16, 18 ou 20). Conséquence du dernier cas? (v. 24). Qui sont «ceux»?

Que représente la mine?

v. 13: à chacun une mine (différence avec les talents: Matthieu 25:14-30).

- elle peut décupler, quintupler ou rester telle quelle
- de son emploi dépend l'avenir de son gérant: v. 17, 19 ou 24

Examiner différentes solutions possibles: la foi – le salut – la connaissance du salut, l'Evangile – le don du Saint-Esprit – la vie spirituelle.

Quelle leçon essentielle Jésus voulait-il nous donner?

APPLICATIONS

A. Que nous apprend cette parabole sur Jésus?

B. Que nous apprend cette parabole sur les habitants du

pays pendant son absence? (2 groupes, nombre inégal, raison de l'hostilité des ennemis).

C. Que nous apprend-elle sur les serviteurs? (2 groupes – le serviteur infidèle: ce qu'il a fait, pas fait. Voir Jean 15:5-6. Qui peut-il représenter?) Sommes-nous des serviteurs utiles? Reprendre les différents sens possibles de la mine. (Si la mine représente le salut: gagnons-nous d'autres âmes pour Christ? Si c'est la vie spirituelle: se multiplie-t-elle? le don du Saint-Esprit: en avons-nous une mesure plus grande?...) Danger d'imiter le serviteur infidèle: v. 24.

4

FAISONS MEILLEURE CONNAISSANCE AVEC L'ANCIEN TESTAMENT

LA MÉDITATION D'UN ÉPISODE DE L'HISTOIRE D'ISRAËL

I SAMUEL 22:1-2

L'Ancien Testament contient essentiellement une histoire: l'histoire du peuple de Dieu sous l'ancienne alliance, c'est-à-dire l'histoire de la préparation du Salut. Cette histoire nous concerne nous aussi: «Tous ces événements, écrit l'apôtre Paul, leur sont arrivés pour nous servir d'exemples, ils ont été mis par écrit pour que nous en tirions instruction» (I Corinthiens 10:11).

La signification des récits de l'Ancien Testament est triple:

1. Ils nous donnent des exemples à suivre et nous présentent des conduites à éviter: les deux nous montrent ce que Dieu demande de nous. Ils illustrent les grandes lois du gouvernement divin qui régissent aujourd'hui encore les relations de Dieu avec

les hommes. Ces récits servent par là à notre instruction.

2. Ils ont souvent un sens prophétique qui pointe vers le Christ, c'est-à-dire qu'ils présentent par avance certains aspects de la vie du Sauveur. Jésus a dit: «Les Ecritures... rendent témoignage de moi» (Jean 5:39). «Moïse a écrit de moi» (v. 46). Après sa résurrection, il a expliqué à ses disciples «dans toutes les Ecritures ce qui le concernait» (Luc 24:27), il leur a dit «qu'il fallait que s'accomplît tout ce qui est écrit de moi dans la loi de Moïse, dans les prophètes et dans les psaumes» (v. 44).

3. Ils ont enfin, à travers le Christ, un sens actuel pour nous. Puisque ces textes ont une portée prophétique, nous pouvons donc nous appliquer directement certaines leçons qui s'en dégagent.

Un épisode de la vie de David illustrera ce que nous venons de dire.

SENS HISTORIQUE

David dans la caverne d'Adoullam

Lisez I Samuel 22:1-2. David, persécuté par Saül, se réfugie dans la caverne d'Adoullam.

Dans cette situation, des gens se joignent à lui. Trouvons-nous parmi eux les sages qui se disent: Dieu a oint David, par conséquent il régnera un jour, il vaut donc mieux se mettre de son côté que de celui du roi déchu? Les puissants du jour qui veulent assurer leur avenir? Trouvons-nous du moins les gens religieux qui reconnaissent en lui le roi de droit divin? Le v. 2 nous donne la réponse:

«Tous les gens qui étaient dans la détresse»

Ils se sont trouvés placés devant une difficulté insurmontable: un malheur les avait frappés et ils ne savaient plus comment s'en sortir; peut-être étaient-ils en conflit avec leur famille ou leurs voisins, engagés dans un procès malheureux, persécutés, isolés, abandonnés, toutes les portes s'étaient fermées devant eux; il ne leur restait qu'une solution: aller rejoindre David. Ils sont venus à lui avec leur détresse, lui ont raconté leurs malheurs et il les a accueillis. Pourquoi? Parce qu'il connaissait la détresse par expérience. Lisons les psaumes composés dans cette caverne pour trouver l'écho de cette expérience: Psaumes 57 et 142. L'attitude de David est exemplaire.

David a apporté une solution à leur détresse: ceux qui étaient persécutés trouvaient auprès de lui la paix et les isolés découvraient une nouvelle famille. Lire Psaume 72:12-14.

«Tous ceux qui avaient des dettes»

Ils avaient connu des revers de fortune, peut-être une maladie les avait-elle privés de leur gagne-pain ou bien ils s'étaient ruinés par leur propre faute: négligence, paresse, passion... Ils ont dû emprunter et ne peuvent rendre. Leurs créanciers les harcèlent et les menacent. N'en pouvant plus, ils ne voient d'autre solution que de fuir quelque part où les usuriers ne sauraient les rattraper (la caverne d'Adoullam n'est accessible que par une entrée secrète à flanc de coteau escarpé, difficile à trouver et facile à défendre). Ils savaient que lorsqu'ils reviendraient dans leur pays, ce serait à la suite d'un roi victorieux qui réglerait tous leurs arriérés avec les ressources de son trésor.

«Et tous les mécontents»

Littéralement: «ceux qui avaient l'âme amère». C'étaient certainement ceux qui étaient mécontents de Saül et de son administration au point de ne plus supporter de vivre dans cette situation: opprimés par des fonctionnaires tyranniques, déçus par les injustices d'un roi capricieux, ils ont faim et soif d'une autorité saine et vraie et s'enfuient auprès de David.

Mais aller auprès de David voulait dire quitter leur village, leur famille, leur métier. Il fallait donc miser sur la carte de David et jouer le tout pour le tout. Le retour était impossible sans la victoire de David, ils ne pouvaient se résoudre à cette démarche que par une foi ferme dans les promesses divines accordées à David.

«Ses frères et tous les membres de sa famille... allèrent l'y rejoindre»

Isaï était certainement considéré à Bethléhem, ses frères avaient de bonnes places; ils ont tout laissé pour mener la vie errante et incertaine de David, ils ont partagé sa souffrance, le mépris et la haine dont il est l'objet. Pouvaient-ils jouir de la considération d'un monde qui persécutait leur frère? Leur place était auprès de David pour lui apporter leur adhésion, leur foi en sa victoire et leur aide pour hâter son avènement.

«et il devint leur chef»

C'est-à-dire leur maître, leur modèle et leur capitaine. Ces 400 hommes qui vivaient avec David n'étaient pas une société bien policée. David les décrit en termes peu élogieux dans le Psaume 57:5. Pourtant ils ont accepté l'autorité de David (cf. par exemple I Samuel 30:23-25). Ils ont été impressionnés par son exemple: ils ont vu comment il cherchait en toute occasion la volonté de Dieu (I Samuel 23:2-5) en refusant de se fier à son bon sens (v. 7-12). Ils ont remarqué avec quel respect il traitait son ennemi (I Samuel 24:9-12) et remettait à Dieu le souci de le venger (v. 13). Ils l'ont sans doute entendu prier et chanter les psaumes qu'il a composés dans cette caverne et ils furent témoins des exaucements accordés par Dieu (I Samuel 23:26-28).

David est aussi devenu chef militaire de ces hommes, il les mène au combat, les commande et pourvoit à tous leurs besoins (I Samuel 25). Sa domination s'étend (2 Samuel 3:1; 5:10) et ceux qui l'ont fidèlement suivi dans cette période douloureuse de sa vie seront à ses côtés dans son règne et sa gloire. La caverne d'Adoullam avait été pour eux l'école des sciences politiques, une école douloureuse mais profitable.

Le sens historique de ce texte nous donne donc une leçon de foi: ceux qui croyaient dans les promesses divines faites à David venaient se réfugier auprès de lui. La victoire de David, assurée par Dieu, les a délivrés de tous leurs soucis. La même foi dans les promesses qui nous sont faites nous libère et nous assure la victoire sur nos ennemis.

SENS PROPHÉTIQUE

La situation du peuple d'Israël au temps où David s'est réfugié dans la caverne d'Adoullam présente de singulières analogies avec la situation spirituelle de notre temps. Deux rois se disputent le pouvoir: l'un, rejeté par Dieu, reste en place, l'autre, oint sur l'ordre de Dieu, est le vrai roi mais il est méprisé (I Samuel 21:15), haï et pourchassé. Pourtant c'est bien lui, l'humble fils de berger, qui régnera un jour, il sera le plus grand souverain d'Israël, le roi selon le cœur de Dieu.

Jésus-Christ aussi, l'humble «fils du charpentier» est actuellement méprisé, haï et persécuté. «Le prince de ce monde» garde le pouvoir en mains. Pourtant c'est le Christ, «l'oint de Dieu», qui établira un jour son règne sur l'univers.

La période qui sépare l'onction de David de son accession au trône s'applique plus spécialement à notre temps. Ceux qui suivent Jésus-Christ, tout comme ceux qui s'associaient à David, ce ne sont ni les sages, ni les puissants, ni même les gens religieux de ce monde. Comparez I Samuel 22:2 avec Jean 7:48 et I Corinthiens 1:26-29.

Le sens prophétique, lui aussi, nous donne une leçon de foi. Qu'importent les apparences, les persécutions et le mépris qui entourent Jésus et ceux qui le suivent: un jour le Christ, comme David, régnera et ceux qui auront mis leur confiance en lui, seront associés à sa gloire (Colossiens 3:4; I Jean 3:2).

SENS ACTUEL

La signification prophétique du texte nous indique le sens dans lequel nous trouverons les applications actuelles pour nous. Dans notre texte chacune des trois catégories d'hommes réfugiés auprès de David peut s'appliquer à une situation intérieure de ceux qui sont appelés à venir au Christ.

«Tous les gens qui étaient dans la détresse»

Comme David, le Christ a connu la souffrance, «il a été tenté comme nous en toutes choses», «nous n'avons pas un grand prêtre qui serait incapable de se sentir touché par nos faiblesses...

Approchons-nous donc avec une pleine assurance du trône du Dieu de grâce. Là Dieu nous accordera sa bonté et nous donnera sa grâce pour que nous soyons secourus au bon moment» (Hébreux 4:15-16).

«Ceux qui avaient des dettes»

Notre dette énorme envers Dieu pèse sur notre conscience (péchés, omissions, retards). Le diable, tel un huissier implacable, vient nous le rappeler parfois pour nous décourager. «Venez à moi, vous tous qui êtes accablés sous le poids d'un lourd fardeau», dit Jésus (Matthieu 11:28). «Cachés en Christ», nous serons à l'abri des menaces de «l'accusateur des frères». Le roi des rois a payé notre dette sur le calvaire. Tout est donc en ordre et nous pouvons en toute bonne conscience refuser les «mises en demeure» du diable et les «sommations» d'une conscience troublée.

«Et tous les mécontents»

Si nous sommes satisfaits de la justice de ce monde, si nous comptons parmi ses favorisés qui savent habilement tirer parti de la situation et se maintenir en place par de savants compromis, nous ne serons pas tentés de nous réfugier auprès de Jésus-Christ. Pourquoi les profiteurs du régime de Saül seraient-ils allés vivre parmi des «hors-la-loi» dans une caverne humide et sombre? Cependant, Jésus dit: «Heureux ceux qui ont faim et soif de justice» (Matthieu 5:6). «Venez à moi... je vous donnerai du repos.» Adoullam signifie: lieu de repos.

Nous trouvons dans ce récit une dernière catégorie

«Ses frères et tous les membres de sa famille... allèrent l'y rejoindre». Membre de la famille de Dieu, notre place est aux côtés de Jésus, hors du camp, pour souffrir et lutter avec lui (Matthieu 10:39; Romains 8:17). Notre participation à la gloire de son règne est liée à notre prise de position pour lui dans la conjoncture actuelle (I Pierre 4:13; 2 Pierre 2:11-12).

Wesley disait: «Quand je consacrais à Dieu mon repos, mon temps, mon avenir, ma vie, je ne faisais pas exception de ma réputation.» Pouvons-nous rechercher les honneurs d'un monde qui a crucifié notre Roi?

Pour nous, le risque de la foi est le même que celui des associés de David.

Les disciples de Jésus ont aussi tout quitté pour suivre le Roi du monde à venir (Matthieu 19:27-29). Ils sont morts à ce monde, leur choix ne se trouvera justifié que le jour où le Christ paraîtra comme souverain universel (Colossiens 3:3-4). Tous les héros de la foi ont été placé devant ce choix: Abraham (Genèse 12:1), Moïse (Hébreux 11:25-27), Paul (Philippiens 3:8), François d'Assise, Pierre Valdo...

Et il devint leur chef: Jésus aussi nous prend à son école et nous apprend à le suivre. Ceux qui l'auront fidèlement suivi durant cette période où il est rejeté par le monde seront associés à son règne et à sa gloire (lire Actes 14:22; 2 Timothée 2:11; I Jean 3:1-2; Apocalypse 1:9).

LA MÉDITATION D'UN VERSET DES LIVRES PROPHÉTIQUES

Osée 2:16-17

Les livres prophétiques fourmillent d'allusions historiques et d'images que nous ne comprenons plus. Comment en tirer une nourriture pour notre vie intérieure?

Prenons un exemple dans le livre du prophète Osée: «C'est pourquoi, je vais la reconquérir, la mener au désert, et parler à son cœur. C'est là que je lui donnerai ses vignobles d'antan et la vallée d'Acor deviendra une porte d'espérance» (Osée 2:16-17).

Ce verset, à première vue, nous paraît bien hermétique. Nous suivrons la même démarche que pour la méditation d'un épisode de l'histoire d'Israël:

1. Cherchons d'abord le sens historique, c'est-à-dire la signification de cette parole pour les contemporains d'Osée auxquels elle était destinée en premier lieu. Ce sens premier constitue le fondement indispensable de toutes les applications que

nous pourrons échafauder sur lui.

2. Voyons s'il contient un sens prophétique applicable au Christ.

3. A travers ce sens «christologique», discernons quelles applications il renferme pour nous, c'est-à-dire quel est son sens actuel.

Ces principes ne s'appliquent pas seulement aux livres prophétiques, ils sont valables pour l'ensemble des livres de l'Ancien Testament et dans une certaine mesure, donnent une méthode de lecture applicable à toute la Bible.

SENS HISTORIQUE

Nous trouvons le sens premier de ce verset en le replaçant dans son contexte et en recherchant soigneusement l'origine de toutes les allusions qu'il contient.

LE CONTEXTE

Relisons les deux premiers chapitres d'Osée et reconstituons l'histoire conjugale du prophète: sur l'ordre de Dieu, il épouse une femme «qui se livre à la prostitution». Elle lui donne trois enfants dont les noms contiennent le message de Dieu pour ses contemporains: *Jizréel*: Dieu disperse, *Lo-Rouhama*: celle dont on n'a pas pitié, *Lo-Ammi*: pas mon peuple. En somme Dieu lui confie un message de condamnation.

Gomer devient infidèle à Osée, elle se dégrade de plus en plus jusqu'à devenir esclave d'un autre. C'est l'histoire du peuple de Dieu: l'Eternel l'avait aimé, l'a fait sortir de l'Egypte, de la maison de servitude, lui a prodigué ses faveurs, l'a établi dans le pays où coulent le lait et le miel. Comment Israël a-t-il répondu à ces témoignages d'affection? Il abandonne l'Eternel pour Baal, Astarté, Moloch et les hauts-lieux (lire Jérémie 2:2, 5-7, 12-13). La souffrance d'Osée abandonné par sa femme évoque celle de Dieu délaissé par son peuple. Osée, «le prophète au cœur brisé», est l'image du Dieu au cœur brisé par l'infidélité des siens (lire Osée 7:13-15).

Mais là ne s'arrête pas l'histoire d'Osée: voir Osée 2:16-17; 3:1-2. Osée va chercher Gomer, parle à son cœur, la rachète pour en refaire sa femme.

Tirer les parallèles: Esaïe 54:4-10.

ALLUSIONS BIBLIQUES ET APPLICATIONS PERSONNELLES

Le désert

«Je vais la reconquérir, la mener au désert» («la séduire» traduction de Jérusalem). Allusion au séjour d'Israël dans le désert après sa sortie d'Egypte. Recherchons la référence indiquée en parallèle: Deutéronome 8:2-5: le désert a été, pour le peuple, un test des dispositions de son cœur.

Dieu fera de nouveau passer son peuple par l'épreuve. Qu'est-ce que le désert dans notre vie? Epreuve, maladie, perte d'un proche, d'un travail, rupture avec un entourage familier. Conséquence: un vide autour de nous et en nous. De qui vient cette épreuve? «Je vais la reconquérir...» Pourquoi? «et je vais parler à son cœur». Dans la précipitation de la vie courante, Dieu n'avait plus l'occasion de s'entretenir avec nous. Chacun était trop pris pour entendre sa voix. Quand Dieu veut parler à un homme, il le fait passer par le désert (Abraham, Moïse, Elie, Jean-Baptiste, Paul).

De quoi Dieu parle-t-il dans le désert? Parcourons rapidement l'histoire d'Israël au désert:

1. Dieu révèle le péché de son peuple: murmures (Mara, Sin, Réphidim), idolâtrie (veau d'or), immoralité (plaines de Moab). Le peuple est obligé de constater que le péché ne vient pas de l'influence de son entourage, mais de son cœur.

Au désert, Dieu révèle aussi le péché par la Loi (Ex. 19 et suivants).

2. Il parle de sa sainteté: par le Sinaï, le tabernacle, les jugements exercés contre les fils de Qoré, Nadab et Abihou...

3. de son pardon: par les sacrifices, le sang répandu, le serpent d'airain.

La vallée d'Acor

Allusion à un épisode de la conquête de Canaan. La Bible à parallèles nous en indique la référence. Relisons Josué 7, surtout les versets 12-13, 25-26. Vallée d'Acor = vallée du trouble. Trouble causé par le péché d'Acan. Lorsqu'Acan a caché les objets dérobés, il n'en était pas troublé. Il crut avoir fait une bonne affaire. Dans la vallée d'Acor, il fut troublé à cause de son péché. Il a dû souffrir.

Lorsque le peuple est de nouveau troublé à cause de son péché, cette repentance devient pour lui la porte d'espérance.

La vallée d'Acor fut le lieu où l'interdit séparant Israël de Dieu a été éliminé. Israël a abandonné Acan, l'a rejeté. Comme alors il lui faut, à présent, abandonner, répudier ce qui l'a détourné de Dieu. Il n'y a pas de victoire possible (la défaite d'Aï l'a prouvé) sans changement et éventuellement réparation du tort causé.

SENS PROPHÉTIQUE

Notre méditation de l'Ancien Testament ne sera vraiment fructueuse que si elle devient «christocentrique». Près de la vallée d'Acor se trouve un autre lieu de «trouble»: à Gethsémané, Jésus a prié: «A présent, je suis troublé.» Veut-il esquiver cette heure de trouble? Jean 12:27: «Mais c'est précisément pour l'affronter que je suis venu jusqu'à cette heure»: pour être troublé, pour porter le trouble, non de son péché, mais du nôtre, du mien.

A Golgotha, l'interdit qui séparait les hommes de Dieu a été ôté. Comme Acan, Jésus fut mené «en dehors de la ville» (Hébreux 13:11-13), mis à mort pour que «la nation ne disparaisse pas tout entière» (Jean 11:50). Abandonné de tous, même de Dieu, maudit (Galates 3:13), il a porté l'interdit du monde.

Mais grâce à ce sacrifice, Golgotha est devenu, comme Acor, la porte d'espérance pour nous: notre Acan (vieil homme) est mort avec le Christ. Un homme nouveau est ressuscité avec lui. Porte ouverte pour le salut, pour la sanctification, pour la victoire et la conquête du pays. «Je suis la porte» (Jean 10:7). «Voici j'ai ouvert devant toi une porte que nul ne peut fermer» (Apocalypse 3:8). Mais de quelle valeur serait pour moi une porte, même ouverte, si je ne passais pas par elle?

SENS ACTUEL

L'histoire de Gomer et celle du peuple d'Israël du temps d'Osée est peut-être aussi notre histoire: Dieu nous a aimés, nous a délivrés de l'esclavage du péché (symbolisé par l'Egypte) et nous a comblés de bénédictions (le pays où coule le lait et le miel). En réponse à ces témoignages d'affection, ne l'avons-nous pas trop souvent abandonné pour les dieux de ce monde? Comme Osée, l'époux délaissé, Dieu souffre de nos infidélités. Il va à notre recherche et parle à notre cœur pour nous ramener à lui. Il nous donne, à nous aussi, la vallée d'Acor comme une porte d'espérance.

La vallée d'Acor, c'est-à-dire du trouble, représente pour nous avant tout Golgotha où Jésus-Christ fut troublé à notre place. Cependant le salut qu'il nous a acquis ne devient nôtre que si nous-mêmes nous sommes troublés par notre péché, si nous nous en repentons.

Pour nous faire prendre conscience de nos abandons et de nos fautes, Dieu peut aussi nous faire passer par le désert: par une épreuve, une maladie, la perte d'un proche, d'une occupation, la rupture avec un entourage familier. La conséquence en est un vide autour de nous et en nous qui nous fait écouter avec une attention renouvelée ce que Dieu veut nous dire.

Dans le désert, il nous parle de notre péché, de sa sainteté, mais aussi du pardon que Jésus-Christ nous a acquis et de la libération obtenue.

Car avec le Christ, notre Acan, celui qui nous troublait, c'est-à-dire notre vieil homme est mort sur la croix (Romains 6:6-11; 2 Corinthiens 2:14; 4:10).

Ce message d'espérance s'adresse à nous:

– si nous sommes loin de Dieu et que nous nous souvenons d'une foi d'enfance rejetée pour les plaisirs, l'argent ou les honneurs de ce monde;

– si, tout en vivant dans la communion avec Dieu, nous nous rendons compte que nous n'expérimentons que partiellement la réalisation des promesses divines (Osée 2:20-22; Esaïe 54: 13-17) liées à cette communion.

LA MÉDITATION D'UN VERSET
DES LIVRES HISTORIQUES

2 Chroniques 29:27

Les livres historiques ne nous présentent pas seulement des exemples moraux, ils illustrent sous une forme imagée, des vérités spirituelles toujours actuelles. Pour dégager ces vérités, il nous faudra souvent appliquer des principes d'interprétation symbolique. C'est toujours assez délicat car on risque d'être entraîné vers une allégorisation telle que la pratiquaient certains Pères de l'Eglise et qui enlève toute autorité au texte: celui-ci ne sert plus que de prétexte à toutes les fantaisies d'une imagination débridée. Il faudra donc veiller à ce que l'application symbolique reste discrète, cohérente et conforme à l'enseignement général des Ecritures.

Prenons un exemple: «Au moment où commença l'holocauste, retentit aussi le chant en l'honneur de l'Eternel» (2 Ch. 29:27).

Au premier abord ce verset ne semble contenir rien de plus qu'une simple indication sur la simultanéité chronologique du sacrifice et du chant de la chorale. Sa méditation dans la perspective symbolique peut conduire à des enseignements précieux pour notre vie intérieure.

LE CONTEXTE

Selon ce chapitre le Temple tombait en ruines, ses portes étaient fermées, les lampes éteintes, le culte avait cessé: image de l'homme – ou de l'Eglise – destiné par Dieu à être son temple et qui, par la négligence et le péché, offre le même spectacle que le Temple à cette époque.

Ezéchias devient roi. Le premier mois de la première année de son règne, il répare les portes de la maison de l'Eternel et les rouvre (v. 3), il fait venir les prêtres et les lévites et confesse le péché du peuple, de ses pères (v. 6-7). Il reconnaît que ce péché est la cause de leurs insuccès et de leurs malheurs (v. 8-9) et il prend une résolution courageuse (v. 10).

La première condition de tout redressement spirituel est de rouvrir les portes de la maison de l'Eternel et de rentrer dans le sanctuaire, c'est-à-dire de revenir dans la présence de Dieu, de reconnaître et de confesser son péché, cause réelle de nos difficultés et de nos chutes, de prendre la ferme résolution de renouveler l'alliance avec l'Eternel pour que sa colère se détourne de nous.

Ensuite Ezéchias fait purifier la maison de l'Eternel de toutes les impuretés qu'elle contenait (v. 15-17): quelles applications cela peut-il nous suggérer? Ezéchias n'a pas fait cette purification à moitié, il n'a pas entreposé les impuretés dans le parvis, les lévites les ont portées jusqu'au torrent du Cédron, pour les brûler et les noyer. Que faudrait-il brûler ou jeter parmi nos affaires (livres, images, lettres...)?

La repentance et la réparation des torts manifestent la sincérité de nos dispositions et de notre désir de servir Dieu: ces dispositions, nécessaires, ne sont cependant pas suffisantes.

LES DIFFÉRENTS SACRIFICES

Pour rétablir l'alliance entre Dieu et nous, il faut que nos péchés soient expiés et pardonnés. Lorsque le Temple est purifié, Ezéchias, de bon matin, y monte pour offrir sept taureaux, sept béliers, sept agneaux et sept boucs en sacrifices d'expiation (v. 23-24). Ces septuples sacrifices pointent vers le sacrifice d'expiation parfait accompli par le Christ sur la Croix. Le roi et les prêtres posèrent leurs mains sur les animaux expiatoires pour symboliser leur identification avec eux.

A cause de ce péché, les bêtes devront mourir, égorgées par les mains mêmes des coupables. Avons-nous compris et accepté cette substitution que Dieu nous offre? En nous identifiant, par la foi, au Christ mourant sur la Croix, nous nous condamnons à cause de notre péché; mais nous pouvons donc accepter aussi la parole de libération prononcée par Dieu sur celui qui offre le sacrifice d'expiation: «il lui sera pardonné» (Lévitique 4:26, 31, 35. Relire Esaïe 53:10).

Ezéchias et le peuple ne s'arrêtent pas – comme beaucoup de chrétiens – au sacrifice d'expiation. Le roi met en place l'orchestre sacré en vue de l'holocauste (v. 25). Qu'est-ce que ce sacrifice et quelle en est la signification? Quelles leçons pouvons-nous en tirer?

Les premiers chapitres du Lévitique nous présentent plusieurs sacrifices distincts: l'holocauste, l'offrande de gâteaux, les sacrifices d'actions de grâce, d'expiation et de culpabilité. L'ordre dans lequel ils sont cités est significatif: pour accéder auprès de Dieu, l'homme doit d'abord passer par les sacrifices d'expiation et de culpabilité – ce qu'ont fait les Israélites du temps d'Ezéchias. Pour Dieu le sacrifice le plus important, celui qu'il nomme en premier lieu, est l'holocauste. C'était le sacrifice le plus complet, il était offert matin et soir et à chaque occasion spéciale (fêtes familiales ou publiques) par les étrangers aussi bien que par les Israélites.

Qu'est-ce qui distinguait l'holocauste des autres sacrifices? Comme son étymologie l'indique (*holos*: entier, *causte*: de la même famille que cautériser: brûler), la victime était tout entière brûlée sur l'autel. Tout était donc offert à l'Eternel. L'holocauste symbolisait la consécration complète à Dieu. Tous les sacrifices préfiguraient la mort du Christ, chacun d'eux en soulignait un aspect. L'holocauste, «sacrifice d'agréable odeur pour l'Eternel», n'a rien à voir avec le péché. Il représente le Christ s'offrant entièrement à Dieu. Cette consécration volontaire a débuté avant son entrée dans le monde: Hébreux 10:6-8. Elle a trouvé son accomplissement parfait dans le sacrifice librement consenti de Golgotha (cf. Jean 10:18; 12:27; Matthieu 26:53; Jean 6:38).

Combien ces dispositions ont glorifié le Père et comme les légions célestes ont dû entonner un chœur de louanges au moment où commença l'Holocauste parfait du Fils de Dieu (cf. v. 27-30; Apocalypse 5:12). Dans le culte que nous rendons à Dieu nous pouvons nous associer à ce chœur et faire monter vers le Père nos louanges et notre adoration pour cet holocauste offert une fois pour toutes.

Allons un pas plus loin. «Le Christ est mort pour nous» (Romains 5:8). Tous les aspects de son sacrifice ont un caractère substitutif. Lorsque l'apôtre Paul écrit «Il nous a aimés et a livré lui-même sa vie à Dieu pour nous comme une offrande et un sacrifice dont le parfum plaît à Dieu.» (Ephésiens 5:2), il fait allusion, non à la valeur expiatoire du sacrifice du Christ – sinon il ne parlerait pas de «sacrifice de bonne odeur» – mais à l'holocauste qu'il a offert pour nous. Nous ne pouvons pas offrir à Dieu notre vie souillée par le péché (l'holocauste devait être «sans défaut et sans tache»), mais nous pouvons lui présenter l'offrande parfaite accomplie par Jésus-Christ sur la croix (lire Hébreux 9:24; 10:1-8, 14, 19-22). Cette offrande nous libère de notre mauvaise conscience. Le jour où nous comprenons cette vérité, nos cœurs bondissent de joie et nous pouvons, nous aussi, chanter le «chant de l'Eternel». «En Christ se trouvent pour nous l'acquittement, la purification et la libération du péché» (I Corinthiens 1:30).

N'oublions pas, toutefois, le double caractère de chaque sacrifice: «Si un seul homme est mort pour tous, tous donc sont morts» (2 Corinthiens 5:14). L'identification avec l'animal du sacrifice, symbolisée par l'imposition des mains, jouait dans les deux sens: il meurt à ma place, je meurs – virtuellement – avec lui. Dans l'holocauste, l'animal est consacré à Dieu à ma place, en lui je me consacre symboliquement tout entier à Dieu. C'est bien ainsi que le comprenait le roi Ezéchias puisqu'après l'holocauste il déclare au peuple: «Maintenant que vous avez été reconsacrés à l'Eternel...» (v. 31). C'est aussi la conclusion que les apôtres tirent de l'offrande du corps du Christ considéré comme l'holocauste: cf. Hébreux 10:26-29; Romains 12:1-2.

LA MÉDITATION D'UN VERSET DES PROVERBES

Proverbes 12:27

L'apôtre Paul en parlant de l'Ancien Testament disait: «Toute l'Ecriture est inspirée de Dieu et utile pour enseigner, réfuter, redresser et apprendre à mener une vie conforme à la volonté de Dieu» (2 Timothée 3:16). Dans le corps de ces écrits inspirés de l'ancienne alliance, il y a, comme dans le corps humain, des membres honorés (la Genèse, les Psaumes, Esaïe 53). D'autres sont méprisés et négligés, ils ont rarement les honneurs de la chaire et beaucoup de chrétiens ignorent leur contenu: certains livres historiques, les «hagiographes» (Ecclésiaste, Proverbes et Cantique des cantiques) et la plupart des petits prophètes.

Certes, ces livres ne nous présentent pas les grandes vérités du salut, pourtant ils sont très utiles pour nous apprendre à mieux vivre à la gloire de Dieu. Si nous les négligeons, nous ne pourrons guère espérer être «pourvu de tout et propre à toute bonne œuvre».

Beaucoup de ces écrits auxquels nous attribuons une valeur secondaire portent la signature du roi Salomon. L'époque de David avait été une période troublée où l'on s'attachait à trouver le secret de la paix du cœur et de la communion avec Dieu. Les Psaumes nous apportent l'écho de ces préoccupations. «Au temps de Salomon, roi de paix où rien ne troublait la sécurité du cœur et de l'esprit, on méditait, on observait, on contemplait, on devisait à loisir» (F. Godet). Le livre des Proverbes nous apporte le reflet de ces occupations.

Chaque proverbe constitue une petite unité de pensée autonome et le contexte ne nous apporte que rarement des éclaircissements. C'est généralement le fruit d'une observation qui doit stimuler notre réflexion et guider notre activité. Dans les temps anciens, les bergers avaient coutume de choisir chaque jour un verset des Proverbes comme sujet de leurs méditations, habitude qu'il serait certainement utile d'imiter.

Prenons un exemple: «Le paresseux ne fait pas rôtir son gibier». Quelles réflexions peut nous suggérer un verset pareil? Certains chrétiens, désorientés par le caractère «terre-à-terre» des pensées contenues dans ce livre, ont cherché à en élever le niveau sur le plan spirituel en allégorisant ses données. Le caractère artificiel, parfois incongru, des résultats d'une telle interprétation condamne la méthode. L'Ecriture s'intéresse à l'homme entier, aussi à ses aspects «terre-à-terre», elle le veut entièrement sanctifié et consacré à Dieu.

LE SENS MATÉRIEL DU PROVERBE

Salomon nous présente un chasseur. Durant des millénaires la chasse faisait partie, avec l'agriculture et l'élevage, des occupations principales de l'homme. Elle exige de grandes qualités: observation, patience, adresse, mais dispense de la qualification essentielle pour l'agriculture et l'élevage: la persévérance dans le travail quotidien. L'agriculteur doit préparer le sol, semer, biner, herser, lutter durant des mois contre la sécheresse, les mauvaises herbes, les maladies, s'il veut faire une bonne récolte. L'éleveur doit nourrir et soigner ses bêtes pendant plusieurs années avant de pouvoir goûter leur viande. Le chasseur est, en un instant, possesseur d'une bête adulte dont la viande est souvent plus succulente que celle des animaux domestiques. La chasse elle-même est un plaisir plus qu'un travail. Dans notre civilisation, elle est devenue un loisir de riches. Du temps de Salomon, ceux qui n'aimaient pas le travail soutenu de l'agriculteur ou de l'éleveur faisaient de la chasse leur occupation principale.

Chaque métier, cependant, a ses côtés désagréables: le travail du chasseur commence à la maison lorsqu'il faut nettoyer, dépecer et préparer le gibier, faire du feu, tourner la broche, etc... C'est là précisément l'occupation que laisse tomber le chasseur de notre texte: il «ne fait pas rôtir son gibier». Pourquoi? A-t-il chassé par sport, sans avoir besoin du produit de sa chasse? Salomon nous donne la vraie raison: c'est un paresseux.

Est donc paresseux, non seulement celui qui aime se prélasser dans son lit ou son fauteuil: «rien qu'un peu croiser les mains et rester couché un instant» (Prov. 6:10), c'est aussi celui qui est capable d'efforts, mais d'un certain genre seulement: de ceux qu'il s'est choisis parce qu'ils lui plaisent. Lorsqu'il s'agit de traquer une bête, de bander son arc et de viser, il sait «y mettre un coup», mais l'effort fastidieux de la cuisine le rebute. Beaucoup d'actuels «chasseurs» font comme lui: ils remettent à autrui le soin de préparer leur venaison pendant qu'ils discutent de leurs exploits autour d'un verre.

APPLICATIONS ACTUELLES

Les occupations des hommes ont bien changé depuis l'époque de Salomon. Pourtant on pourrait encore les classer en trois catégories:

1. les métiers apparentés à l'agriculture: ceux qui exigent un travail persévérant avant de donner du fruit,

2. l'élevage: soigner, nourrir (les bêtes, soigner des hommes, les éduquer, les instruire…)

3. la chasse (aux affaires, aux clients…)

Nous assistons actuellement à une «passivisation» de notre civilisation: la faveur générale s'oriente vers les métiers de la troisième catégorie et vers les loisirs qui offrent, sans effort préalable, un plaisir immédiat: cinéma, télévision, internet, illustrés, alcool, érotisme. C'est une chasse incessante aux émotions exaltantes, aux sensations nouvelles ou excitantes (drogue), aux états d'âme euphoriques, aux sentiments agréables… Le chasseur est même dispensé de la tâche fastidieuse de «rôtir son gibier»: celui-ci lui est servi tout préparé, rôti à souhait et même «pré-mâché»: on peut, aujourd'hui, se livrer, installé confortablement devant sa télévision, à une chasse ininterrompue d'images, et d'émotions. Conditionnement dangereux qui prive peu à peu les habitués de ces plaisirs de la réflexion personnelle, du sens critique et de l'habitude de l'effort.

Pour l'auteur des Proverbes, «le précieux trésor de l'homme c'est l'activité», pour nos contemporains, c'est le «dolce farniente». La vie est devenue une croisière ennuyeuse entrecoupée d'escales de plus en plus nombreuses de plaisirs: réceptions mondaines, shopping (chasse aux occasions), flirt (chasse aux aventures). On rêve d'abréger progressivement le temps séparant les escales. La «civilisation des loisirs» ambitionne de faire de la vie un safari permanent. La pensée, de plus en plus émoussée, ne sert plus qu'à ressasser les souvenirs du dernier amusement et à préparer le prochain. La raison que Dieu nous avait donnée pour le chercher et le connaître a été détournée au service du Moi et de la jouissance (Romains 1:28-30).

APPLICATIONS SPIRITUELLES

Notre manière d'agir dans les choses de ce monde se répercute sur notre attitude face à Dieu et à nos responsabilités spirituelles. La tendance à la paresse et l'habitude de «chasser sans rôtir son gibier» se transposent sur le plan spirituel. On s'attend, là aussi, à obtenir les bénédictions sans effort, on a tendance à courir d'un gibier à l'autre sans prendre le temps de valoriser et d'assimiler les produits de sa chasse: on cherche à esquiver les tâches fastidieuses de l'«après chasse».

Nous sommes plus riches que tous nos prédécesseurs en informations religieuses: livres, revues, traités, conférences, cassettes, C.D., émissions radiophoniques diffusent la pensée chrétienne. Jamais pourtant la connaissance de Jésus-Christ n'a été si superficielle, la croissance des chrétiens si lente et les réalisations si sporadiques et si décevantes. Pourquoi? Notre verset nous donne la réponse.

A quoi correspond l'étape chasse? Cela peut être la recherche des connaissances bibliques et des vérités spirituelles dans des lectures, des sermons, des conférences, des entretiens, des conventions... On collectionne les idées religieuses comme des trophées de chasse, mais elles ne transforment pas la vie parce que l'étape «rôtir son gibier» a été négligée: on ne médite plus ce qui a été lu et entendu, on ne prend pas le temps de tourner et retourner les pensées dans la réflexion et la prière jusqu'à ce qu'elles soient assimilées. On amasse des émotions et des expériences, mais elles sont aussitôt chassées par de nouvelles impressions et restent sans emprise sur l'être profond. Relisons Jacques 1:22-25.

Pour une Eglise, la chasse peut correspondre à la conquête des âmes par l'évangélisation collective ou le témoignage individuel. Etape indispensable à une vie équilibrée conforme à la volonté de Dieu, mais qui doit obligatoirement être suivie d'un autre travail moins spectaculaire et attrayant: les visites aux personnes intéressées, les entretiens sur leurs problèmes, l'édification et l'enseignement des nouveaux convertis, l'éducation des membres d'Eglise. Jésus reprochait aux pharisiens de parcourir terres et mers pour faire un prosélyte, mais de le laisser ensuite devenir pire qu'eux-mêmes. Il les accusait en somme de ressembler au chasseur de notre texte. Aujourd'hui encore, l'engouement pour la chasse est généralement plus grand que pour les tâches humbles et persévérantes du «travail de suite».

Ce verset est donc bien propre à inspirer notre examen de conscience.

QUELQUES PASSAGES À RELIRE ET À MÉDITER

Luc 8:15; 21:19; Actes 14:22; Romains 2:7; 5:2-3; 12:12; Ephésiens 6:18; 2 Thessaloniciens 1:4; 2 Tite 2:12; Hébreux 6:12, 15; 10:36; 12:1; 13:1; Jacques 1:25.

EXAMEN DE CONSCIENCE

– Quelle chasse occupe la plus grande place dans ma vie? (connaissances, images, succès, honneurs, performances, amis, amies, adeptes, temps, beaux souvenirs, émotions, expériences, trésors dans le ciel...)

– en vue de qui et de quoi aimerais-je multiplier ou développer mes dons, compétences, capacités (de moi-même, des autres, du Seigneur? du succès ou du fruit?) Lesquels ai-je laissés s'accumuler sans les utiliser à la gloire de Dieu?

– N'ai-je d'ardeur et de courage que pour les tâches qui me plaisent, laissant à d'autres les travaux fastidieux?

– Comment pourrais-je exploiter plus rationnellement les richesses matérielles, morales et spirituelles qui m'ont été confiées, avant de me lancer dans une nouvelle chasse?

– Comment pourrais-je commencer à mettre en pratique une des vérités que je connais depuis longtemps? Laquelle?

– Ai-je tiré de mon salut toutes les conséquences qu'il implique dans le domaine de la sanctification, du renoncement au monde, du témoignage?

– Quelle activité pourrait n'être chez moi qu'une réaction de façade destinée à masquer ma paresse, ma fuite devant des responsabilités et des tâches fastidieuses?

– Ai-je été fidèle aux engagements pris, aux activités commencées, aux tâches humbles qui m'ont été confiées? Quels travaux inachevés devrais-je reprendre?

– Quelles habitudes de vie, de lecture, d'occupation de mes loisirs encouragent ma paresse et ma passivité? Puis-je y renoncer ou les réformer?

– Par quelle activité précise, concrète et persévérante pourrais-je combattre ma tendance à la superficialité?

– Quelle décision concrète pourrais-je prendre pour laisser à la méditation et à l'étude de la Bible une place plus grande?

– A quelles lectures pourrais-je renoncer au profit d'un approfondissement de celles déjà faites?

– Par où ai-je laissé la passivité se glisser dans ma vie?

– Après quelles proies mon imagination part-elle en chasse aux moments d'oisiveté?

– Est-ce que je viens à la Bible, aux réunions, aux livres que je lis avec une faim véritable ou bien y vais-je en vue de chasser de nouvelles pensées? Comment pourrais-je y remédier?

– En vue de quoi est-ce que je recherche de nouvelles expériences de communion avec Dieu? de nouvelles connaissances?

– Dans quel but vais-je aux réunions d'évangélisation? pour mon plaisir, mon édification ou pour encourager, pour prier?

– Quelles personnes ai-je commencé à suivre que j'ai délaissées sans raison valable (après des campagnes d'évangélisation, des tournées de colportage)?

– Pourrais-je réparer ma faute?

– Ai-je offert mon amitié à quelqu'un et l'ai-je déçu par mon inconsistance?

– N'y aurait-il pas dans mon passé une situation sentimentale à réparer, quelqu'un à qui j'aurais suscité de faux espoirs par pur jeu de la chasse? Ne devrais-je pas demander pardon à cette personne?

– N'aurais-je pas manqué de persévérance dans l'éducation de mes enfants? Comment pourrais-je leur éviter de céder à la tentation de la facilité et de l'éparpillement?

– Si j'ai une responsabilité dans l'œuvre de Dieu, quelle proportion de mon temps est consacrée à la chasse (aux idées, aux personnes) et laquelle est consacrée à rôtir le produit de ma chasse (à la mise en œuvre pratique, la préparation, l'éducation...)

RÉSOLUTIONS

Je vais revoir ma liste de prière – ou en constituer une – pour m'encourager à la persévérance dans l'intercession.

– Je pourrais consacrer tant de minutes ou d'heures par semaine à une étude plus approfondie de la Bible, d'un livre de fond.

– Je ferai un effort pour lire un livre plus difficile et plus profond que ceux que j'ai l'habitude de lire.

L'ÉTUDE D'UN CHAPITRE DE LA LOI

Lévitique 2

Chez les Juifs les cinq livres de Moïse s'appelaient «la Loi», le reste de leur Bible était intitulé «les Prophètes» (cf. Matthieu 7:12; 11:13; Actes 13:15; 24:14).

Les lois de l'ancienne alliance, en particulier les lois cérémonielles, nous paraissent dénuées de tout intérêt actuel: quelle signification peuvent avoir pour nous les sacrifices et les rites accomplis dans un temple démoli depuis 1900 ans? Le livre du Lévitique, en particulier, apparaît à beaucoup de chrétiens comme définitivement périmé.

«Le Lévitique est peut-être le livre de la Bible le plus méconnu et le plus fermé pour beaucoup de gens. Cependant, son importance est telle qu'on peut le considérer comme la clé de l'Ancien Testament. Il révèle la façon dont Dieu voulait être adoré sous l'ancienne alliance, et contient sous une forme imagée, tous les principes spirituels du culte du Nouveau Testament» (R. Pache).

Prenons, par exemple, le deuxième chapitre de ce livre consacré aux offrandes.

Lisez-le en entier et notez les mots et expressions qui reviennent le plus souvent.

REMARQUES PRÉLIMINAIRES

Vous serez certainement frappés par la répétition du mot offrande (25 fois). Ce mot et le verbe offrir reviennent constamment dans ces premiers chapitres (une centaine de fois dans les chapitres 1 à 7). Cette première constatation nous parle: quelle place occupe l'offrande dans nos relations avec Dieu? N'allons-nous pas au culte, ne lisons-nous pas la Bible, ne prions-nous pas, surtout pour recevoir des bénédictions de la part de Dieu? L'Israélite, qui avait moins de privilèges que nous, était exhorté à offrir quelque chose à Dieu. L'expression: «dont l'odeur apaise l'Eternel» se trouve trois fois dans le chapitre. Elle revient 12 fois dans les 8 premiers chapitres à propos des offrandes apportées par l'homme à Dieu. Dieu peut-il agréer ce que nous avons à lui offrir? Ce chapitre nous montre quelles conditions Dieu pose pour que notre offrande soit d'une agréable odeur à l'Eternel.

Une dernière remarque préliminaire: comptez les verbes porteurs de commandements: il versera, il ajoutera, il apportera... Vous en trouverez une vingtaine: l'homme n'a pas à imaginer ce qu'il pourrait bien accomplir pour faire plaisir à Dieu. Dieu a des idées précises là-dessus et l'homme n'a qu'à suivre les recommandations données dans sa Parole. Un peu plus loin, dans ce même livre du Lévitique, nous retrouverons constamment cette expression: « comme l'Eternel l'a ordonné» (8:5, 9, 13, 17, 21, 31, 34, 35, 36; 9:21; 10:1, 13, 15, 18).

SYMBOLISME DES RITES

Nous n'apportons plus de gâteau à des sacrificateurs. Quelle signification ont donc ces rites pour nous?

Quel sens avaient-ils pour les Juifs? Lorsqu'un homme apportait un gâteau fait de fleur de farine arrosé d'huile et aromatisé d'encens, quelles pensées son offrande lui suggérait-elle? Farine et huile étaient les éléments essentiels de sa nourriture, le produit de son travail: culture, moisson, mouture, cuisson. Avec cette galette, il offrait à Dieu le fruit de son labeur. Il comprenait que Dieu nous demande de lui consacrer nos efforts et le fruit de notre travail.

En allant un peu loin, il pouvait se dire que Dieu ne demandait pas des grains de blé et des olives, mais le produit des grains et des olives écrasées. La mouture évoque la souffrance. La cuisson au four (v. 4) et à la poêle (v. 4) pouvait également lui parler des souffrances, qu'elles soient cachées (four) ou visibles (poêle).

Nourriture, travail et souffrance ne sont-ils pas les composantes de notre vie? L'offrande de gâteau symbolisait l'offrande de notre vie d'homme avec ses joies, ses peines et ses souffrances.

LA VIE AGRÉABLE À DIEU

Quelques détails supplémentaires précisent le genre de vie que Dieu nous demande de lui offrir:

1. Sans levain: le levain c'est la pâte aigre qui fait enfler la nouvelle pâte d'une manière creuse, artificielle. Ainsi l'orgueil enfle, l'hypocrisie aigrit la nature humaine.

2. Sans miel: au premier abord, le miel est doux et agréable, mais il fermente vite (surtout le miel de raisin que l'on utilisait beaucoup en ce temps-là) et il devient aigre. C'est la douceur naturelle du caractère qui subit vite l'influence des ferments ambiants.

3. Avec du sel: le sel n'est guère agréable au premier contact, mais mélangé aux aliments il affine leur saveur. D'autre part, il conserve et ne s'altère pas (cf. Marc 9:49-51).

4. Avec de l'encens: l'encens n'a aucune utilité pour l'homme; il ne se mange pas et ne rend pas les aliments agréables. Il n'est là que pour Dieu: on brûle de l'encens dans le temple. Sa fumée monte vers le ciel comme un symbole des prières et des louanges.

Ces détails parlaient à tout Israélite qui réfléchissait, ils lui indiquaient quelle vie pouvait être agréée par Dieu.

Les Juifs pieux savaient en outre que l'huile était symbole de l'Esprit divin (les rois étaient oints d'huile), que le levain représentait la corruption du monde (la Pâque devait se célébrer avec des pains sans levain). Le texte précise que le sel était «signe de l'alliance de ton Dieu» (v. 13).

Il devait donc présenter à Dieu une vie pétrie (v. 4), donc imprégnée de la présence du Saint-Esprit, arrosée (v. 1) journellement par ce même Esprit, élevant à Dieu de continuelles adorations (encens). Cette vie vécue dans l'alliance avec Dieu (sel) devait être exempte du «levain de la malice» et de la «méchanceté» (I Corinthiens 5:8), ainsi que de toute douceur qui ne serait que le produit fugace de la nature humaine (miel).

SACRIFICE PROPITIATOIRE

Si cet Israélite était sincère, il devait se rendre compte de la distance qui séparait la vie demandée par Dieu de la sienne. Dieu l'appelait-il à un idéal inaccessible ou lui faisait-il présenter sa propre condamnation? Non certes, car ce sacrifice, comme les autres, avait un caractère substitutif, donc propitiatoire, c'est-à-dire rendant Dieu propice, favorable. Il représentait la vie que l'Israélite pieux aurait désiré offrir à Dieu et qu'il ne pouvait lui présenter que sous la forme d'un symbole.

Il reconnaissait par cette offrande qu'il aurait dû apporter à Dieu une vie conforme à la signification de son gâteau, donc que seule une vie parfaite pouvait être agréée par lui. Mais, dans sa grâce, Dieu acceptait le symbole à la place de la réalité et se montrait propice (caractère *propitiatoire* du sacrifice) à l'offrande.

SIGNIFICATION POUR NOUS

Ces mêmes significations sont encore valables pour nous. Ce chapitre peut nous servir d'exhortation et d'avertissement. Devant ce tableau d'une vie agréable à Dieu, nous pouvons nous demander si notre vie correspond à l'exigence divine. Il faut aussi apaiser notre conscience troublée, car dans ce symbole nous pouvons voir l'image de la vie de Jésus-Christ offerte à la place de notre vie imparfaite.

En effet, comme la galette, le Fils de Dieu a été pétri d'huile (conçu du Saint-Esprit), arrosé par cette même huile (l'onction reçue après son baptême). Comme un encens, ses prières montaient continuellement à Dieu. Plus il était en contact avec le feu de l'épreuve, plus le parfum de sa vie consacrée à Dieu se répandait. Il a rétabli l'alliance avec Dieu. Ses paroles et ses actes ont, comme le sel, attaqué les plaies de son peuple, mais préservé le monde de la corruption. On ne trouvait en lui ni enflure creuse, ni hypocrisie (levain), ni caractère douceureux (miel). Sa vie a été, comme les grains de blé, broyée et exposée au feu de l'épreuve.

Il a connu les souffrances visibles (poêle) et cachées (four). Comme il était l'holocauste parfait (Lévitique 1), le sacrifice parfait d'action de grâce (ch. 3), d'expiation (ch. 4) et de culpabilité (5:14-26), il est aussi la réalisation du symbole de l'offrande dont tous les gâteaux offerts au long de l'histoire d'Israël n'étaient que la préfiguration.

Quel apaisement, lorsqu'à la fin d'une journée marquée par l'imperfection de notre vie, nous pouvons nous présenter devant Dieu, non plus avec cet aveu mille fois répété: «Seigneur je n'ai rien à t'offrir», mais avec l'offrande parfaite de la vie de Jésus-Christ. Son sang a été versé pour expier nos péchés. Son corps, c'est-à-dire sa vie, a été «donné pour nous» (Luc 22:19). «En lui se trouvent pour nous l'acquittement, la purification et la libération du péché» (I Corinthiens 1:30). «Nous sommes purifiés du péché, grâce au sacrifice que Jésus-Christ a offert de son propre corps une fois pour toutes» (Hébreux 10:10). Nous pouvons donc, comme le conclut l'auteur des Hébreux, nous approcher de Dieu «avec un cœur droit, avec la pleine assurance que donne la foi, le coeur purifié de toute mauvaise conscience, et le corps lavé d'une eau pure» (Hébreux 10:22).

Nous nous souviendrons toutefois que cette offrande substitutive ne nous dispense pas des efforts pour aligner notre vie sur le modèle présenté, pas plus que le sacrifice expiatoire du Christ ne nous relève de l'obligation de lutter contre le péché. Le Christ n'est pas seulement donné «pour nous». Il vit aussi en nous. C'est pourquoi il peut, par son Esprit, reproduire en nous la vie parfaite symbolisée par l'offrande du gâteau.

LA MÉDITATION D'UN CHAPITRE DES LIVRES PROPHÉTIQUES

EZÉCHIEL 47: 1-12

Replaçons tout d'abord ce chapitre dans son contexte. Ezéchiel exerce son ministère prophétique parmi les Juifs emmenés en captivité en Chaldée. Pour soutenir la foi des exilés, Dieu lui accorde des révélations contenant deux sortes de messages: 1. Un message de jugement contre les crimes de Jérusalem: son péché est si grand que la ville et le Temple seront détruits. 2. Un message de réconfort: lorsque la nouvelle de cette destruction sera connue des captifs, Dieu prévient leur découragement par une série de visions réconfortantes, il oriente leurs regards vers l'avenir glorieux qui sortira de cette époque de jugement: relèvement du peuple, avènement du vrai Berger, effusion de l'Esprit et conversion des cœurs. Le livre se termine par une triple vision couronnant toutes ces promesses: un Temple nouveau remplace l'ancien, un torrent d'eaux vives en jaillira, le pays sera redistribué entre les 12 tribus retrouvées. Notre chapitre se situe donc au centre de cette vision finale des bénédictions de la nouvelle alliance: après avoir présenté le Berger, après avoir parlé du cœur nouveau que Dieu donnera à ses enfants et de l'Esprit qu'il répandra dans leur cœur, Ezéchiel contemple le tableau de la vie spirituelle collective du nouveau peuple de Dieu.

SENS PROPRE OU FIGURÉ?

Une question se pose à la lecture des chapitres 40 à 47: faut-il les interpréter littéralement ou symboliquement? Ezéchiel voulait-il donner aux Israélites le plan réel de reconstruction du Temple? Notre chapitre répond à la question: le prophète n'a pas pu croire qu'un torrent matériel jaillirait du sommet de la colline du Temple, grossirait sans le concours d'aucun affluent, parviendrait à l'est dans la vallée du Jourdain en franchissant une nouvelle montagne et purifierait les eaux de la mer Morte. Tous ces détails demandent donc à être interprétés symboliquement.

LA SIGNIFICATION DES SYMBOLES

L'eau

Lire Exode 17:1-7; Psaume 1:33; Esdras 55; Ezéchiel 36:25-26; Joël 3:18; Zacharie 14:8; Jean 4:10-14; 7:37; Apocalypse 22:1-2.

Quelle est, d'après ces passages, la signification de l'eau? Quels sont ses effets? Quel sens Jésus donne-t-il à ces symboles?

Le Temple, source du torrent

Chercher dans le Nouveau Testament des passages qui parlent de temple: Jean 2:21; I Corinthiens 3:16, 17; 6:19; 2 Corinthiens 6:16; Ephésiens 2:21; Apocalypse 21:22.

Qui a remplacé le Temple sous la nouvelle alliance? La personne de Jésus-Christ seule constitue-t-elle le Temple? Ephésiens 1:23; I Timothée 3:15. A qui, en définitive, s'adresse donc le symbole? Quelle est l'origine des bénédictions représentées par les eaux vives?

La croissance interne du torrent

Noter les différentes étapes: verset 3 petit commencement (Zacharie 4:10), mais chaque goutte devient source, ainsi le torrent croît de l'intérieur et devient une force à laquelle rien ne résiste. Quelle est la signification de ce symbole? (pour le chrétien individuel? pour l'Eglise?) Quelles sont d'après ce passage les lois de la croissance spirituelle?

Les effets de l'eau: deux fonctions essentielles

Elle purifie

Verset 8: la mer Morte est le lieu où s'est exercé le jugement de Dieu contre une humanité dépravée (Genèse 19). Même cette contrée désolée et stérile peut être revivifiée.

Elle fertilise

Verset 11-12: quelles sont les caractéristiques des plantes qui croissent sur les bords du fleuve? A quoi cela peut-il s'appliquer dans le temps actuel?

Ces effets sont-ils universels? Lire le verset 11. A quoi peut se rapporter cette allusion.

L'ENSEMBLE DU SYMBOLE

La grâce vivifiante de l'Esprit découle du corps du Christ, temple de la nouvelle alliance. Elle se répand au dehors, purifiant et donnant la vie à ceux qui acceptent son action, sa force augmente de l'intérieur.

Les conditions de la bénédiction

Le torrent jaillit du Temple, c'est-à-dire du corps du Christ, de l'assemblée des croyants qui ont expérimenté la régénération dont il est question dans Ezéchiel 36:26-27. Quelles sont les caractéristiques du Temple d'où la bénédiction peut se répandre? Relisons les chapitres 40-46 qui décrivent le Temple de la nouvelle alliance et notons les changements importants intervenus entre l'ancien et le nouveau Temple ainsi que les détails représentant sous une forme symbolique les conditions spirituelles de la bénédiction divine.

Différences entre le Temple de l'ancienne et de la nouvelle alliance: Ezéchiel 41:22-24

1. L'autel d'or a fait place à une table: le culte a pris l'intimité d'un repas de famille. La grâce coule du lieu où Dieu est adoré comme un Père par des enfants qui vivent en communion avec lui.

2. A la place du voile se trouve une porte à deux battants. Le voile a été déchiré au moment de la mort du Christ. Nous avons à présent «une libre entrée dans le sanctuaire» (Hébreux 10:19) dans la présence même de Dieu. Pour que la bénédiction puisse se répandre, aucun voile ne doit s'interposer entre Dieu et nous.

Détails symbolisant les conditions spirituelles permettant l'action de l'Esprit

42:14; 44:9, 23: séparation – sens pour le croyant individuel? pour l'Eglise?

43:7: le trône – l'Esprit peut agir là où Dieu est accepté comme roi et où il peut effectivement régner.

43:7b-9 – purification

43:10-11 – repentance

43:12 – sainteté

43:19-25 – sacrifice pour le péché, aussi pour ceux commis par erreur ou par ignorance (45:20), sacrifice quotidien (46:15).

45:9-12 – Justice - honnêteté, vie conforme à l'Evangile.

APPLICATION

Dans l'Eglise primitive

L'origine du torrent: le Christ élevé au ciel répand son Esprit sur l'Eglise. D'où découle au commencement le fleuve de la grâce? (Actes 5:20). La croissance du fleuve: 12, 120, 3000, 5000, une foule innombrable. Chaque converti devient lui-même un moyen de multiplication de la vie.

Effets purificateurs: Ananias et Saphira, Simon le magicien, la servante possédée d'un esprit de Python ressentent ces effets purificateurs. Dans des contrées stériles (païennes), des arbres poussent pour Dieu (Corneille, Lydie, l'eunuque éthiopien, le geôlier de Philippes...). Les feuilles servent à la guérison des nations (v. 12): guérisons physiques et spirituelles.

Fertilisants: témoignages, fruits. Cependant des lagunes restent en dehors des bénédictions: noyaux de résistance à l'action de l'Esprit.

Dans l'histoire de l'Eglise

On pourrait reprendre l'histoire de tous les réveils (au Moyen-Age (Bogoumiles, Vaudois), Réformation, Piétisme, Méthodisme, Réveil de Genève, du Pays de Galles, d'Indonésie...), nous retrouverions les conditions et les caractéristiques relevées par Ezéchiel. Avant que la grâce ne puisse se répandre: régénération de quelques croyants (Ezéchiel 36), purification, repentance, sanctification de ces chrétiens. Petit commencement, croissance interne jusqu'à devenir un fleuve irrésistible.

Aujourd'hui

A quelles conditions puis-je devenir une source de bénédiction pour les autres? Comment mon Eglise peut-elle le devenir? Reprendre pour chacun de ces deux points les différentes conditions de bénédiction relevées plus haut.

L'ÉTUDE D'UNE BIOGRAPHIE

L'évolution spirituelle d'un homme est l'un des sujets de méditation les plus intéressants et les plus fructueux. La Bible nous présente un grand nombre de biographies résumées aux étapes essentielles du développement intérieur. La méditation de l'itinéraire spirituel de ces hommes de Dieu est une source d'enseignement et d'édification. Pour en tirer le maximum de profit, il nous faudra relire l'ensemble des textes qui parlent du personnage étudié et noter au fur et à mesure tout ce qui éclaire son caractère, ses réactions, ses manières d'agir: nous nous demanderons constamment pourquoi et comment il agit et réagit.

Si nous avons par exemple choisi d'étudier la biographie de David, nous relirons I Samuel 16 à 31; 2 Samuel; I Rois 1-2; 1 Chroniques 1 à 29. Nous lirons aussi ses écrits (les Psaumes de David) et ce qui est dit de lui dans d'autres livres bibliques (Evangiles, Actes, épîtres, nous le trouverons facilement à l'aide d'une concordance ou d'une Bible à parallèles).

Nous nous poserons toute une série de questions pour essayer de comprendre son évolution:

1. Ses antécédents: Que nous dit la Bible de ses ancêtres? de ses parents?

2. Sa naissance: Lieu et circonstances. Influence sur sa vie.

3. Son nom: Signification? Comment lui a-t-il été donné?

4. Son éducation: Milieu social et religieux – influence des parents, des maîtres, d'un homme de Dieu particulier. Réaction à l'environnement.

5. Sa personnalité: Traits dominants de son caractère, manifestation durant son jeune âge. Comment ces traits ont-ils influencé ses décisions ou celles des autres. Comment ils l'aideront plus tard à vaincre les obstacles.

Défauts et fautes de jeunesse. Evolution de son caractère.

6. Sa rencontre décisive avec Dieu: Comment a-t-elle été préparée? Comment a-t-elle eu lieu? Traits particuliers et caractères généraux de sa conversion.

7. Sa vocation: Quand? Comment? Quel service précis? Seul ou avec d'autres? Eléments passagers et permanents.

8. Sa vie spirituelle: Que savons-nous de sa vie de prière? De sa foi? De sa connaissance des Ecritures? Contre quelles difficultés eut-il à lutter (internes et externes)? Quel fut le secret de sa victoire? La cause de ses échecs?

9. Ses relations avec les autres: avec ses amis, ses ennemis? Ses amis l'ont-ils aidé ou handicapé? L'influence qu'il a exercée sur les autres. Quelle place la vie de communauté a-t-elle occupé dans sa vie?

10. Son service pour Dieu: nature, réaction des autres à ce service, son courage dans le témoignage, dans l'épreuve, devant l'opposition. Les fautes commises: pourquoi? commentaire de l'Ecriture sur ces fautes. Effet sur son évolution et son avenir.

Résultats de son service: Influence sur ses contemporains, sur l'évolution du peuple de Dieu.

11. Sa mort: commentaires de la Bible.

12. Les leçons de sa vie: Pourquoi sa biographie nous est-elle racontée dans la Bible? Quelles leçons pouvons-nous en tirer pour nous-mêmes? pour les autres?

La Bible ne répondra que rarement à toutes ces questions mais le canevas peut nous être utile pour ne pas oublier un aspect important de la vie d'un homme de Dieu.

UNE BIOGRAPHIE: JACOB

Etudions la biographie de l'un des patriarches dont la Genèse nous retrace l'évolution: Jacob.

QUI EST JACOB?

Demandons-le à ceux qui l'ont connu de près: Pour Rébecca, sa mère: il «était d'un caractère paisible et préférait se tenir dans les tentes» (Genèse 25:27), un garçon serviable et obéissant qui avait sa préférence. Si nous interrogions son père, Isaac, il nous dirait sans doute que son caractère tient tout entier dans son nom: Jacob = supplanteur, trompeur. Né en tenant le talon de son frère comme s'il voulait lui prendre sa place d'aîné, il cherche par deux fois à le supplanter et à lui ravir ses privilèges: par le plat de lentilles et par la ruse employée pour obtenir la bénédiction paternelle.

Nous pourrions imaginer de même comment Esaü, Laban, Rachel et Léa le jugeraient si nous pouvions les interviewer. Le portrait qui se dégagerait de ces différents avis serait certainement fort nuancé: de bons côtés (gentil, docile), mais beaucoup de traits moins sympathiques: fourbe, égoïste, coléreux, susceptible. C'est le portrait d'un arriviste qui n'hésite pas sur le choix des moyens pour parvenir à ses fins. Jacob: l'image de ce que nous sommes par nature, de l'homme que Dieu ne peut ni agréer, ni utiliser.

QUE FAIT DIEU POUR JACOB?

Il ne se désintéresse pas de lui – comme nous l'aurions probablement fait. Il utilise ses erreurs même pour l'éduquer. La ruse de Jacob l'oblige à fuir la maison paternelle. Sur le chemin solitaire de l'exil, Dieu va le prendre en mains. Il commence par se révéler à lui. Lire Genèse 28:10-15. Noter les conditions dans lesquelles se trouve Jacob (fatigué, pauvre, fugitif, peut-être commence-t-il à prendre conscience de sa culpabilité). Quel est le contenu du rêve donné par Dieu (à quoi sert une échelle)? Quel mot revient quatre fois? Pourquoi? Quelles sont les sept promesses que Dieu lui donne? Pose-t-il des conditions à leur réalisation?

COMMENT JACOB RÉAGIT-IL À CES GRÂCES?

Lire Genèse 28:16-22. Pourquoi a-t-il peur? (v. 17)? Que fait-il? Pourquoi? Que signifie son vœu? Jacob a-t-il compris ce qu'est la grâce? Pourquoi pose-t-il des conditions à Dieu? Pourquoi promet-il la dîme?

Que nous apprend cet épisode sur le caractère de Jacob? Est-il prêt à accepter les promesses de Dieu? Nos relations avec Dieu auraient-elles aussi pour base le marché – ou le marchandage? Comment comprenons-nous les promesses divines?

L'ÉCOLE DE DIEU

Par une série d'épreuves humiliantes, Dieu brisera l'orgueil de Jacob et vaincra son incrédulité. Qu'apprend-il à Charan? Quelles leçons lui donne Laban? Faites le parallèle entre la tromperie dont Jacob sera victime et celle dont il fut l'auteur envers son frère. Quelles luttes marquent sa vie à Haran (avec Laban, dans sa famille, que nous apprennent les noms de ses enfants)? L'infidélité de Jacob empêche-t-elle Dieu d'accomplir ses promesses? Quels moyens Dieu utilise-t-il pour le ramener dans la terre des pères? Comment se révèle-t-il à lui?

LE CHEMIN DU RETOUR

Comment Jacob prépare-t-il son retour (31:17-21)? A-t-il changé? Que fait Dieu pour lui (31:29)? Quelle est la cause secrète du comportement fourbe de Laban et des difficultés familiales de Jacob (v. 30-32)? Jacob a-t-il accompli son vœu de Béthel? Quel est le bilan spirituel des années passées à Haran? Pourquoi Dieu le bénit-il quand même? Que pouvons-nous en apprendre?

L'EXPÉRIENCE DÉCISIVE

Comment Jacob réagit-il à l'annonce de la venue d'Esaü? Lire 32:4-5. En quoi place-t-il sa foi pour triompher de la difficulté? Analysez le message qu'il adresse à son frère et demandez-vous à chaque mot pourquoi il le fait transmettre. Sa ruse réussit-elle (v. 6)? Réaction de Jacob? Quelle est sa première pensée pour faire face à la situation (v. 7-8)? Quelle est la place de la prière dans son plan? A-t-il foi en elle (v. 14-15)? Quelle est la signification du stratagème relaté (v. 16-20)? Jacob est-il entièrement rassuré par toutes ses précautions? Quelles questions pouvait-il poser?

«Alors un homme lutta avec lui.» Pourquoi Dieu choisit-il ce moment pour attaquer Jacob? Peut-il permettre à un tel homme d'entrer dans le pays de la promesse? Quelle signification pouvons-nous donner à cette lutte? Que veut Jacob? Que veut Dieu? Qu'est-ce qu'il ne peut «vaincre» en lui? Il le frappe à la hanche (symbole de sa force, de son indépendance), pourquoi? Pourquoi l'ange veut-il quitter Jacob? Que signifie cet abandon pour Jacob? (Exclu de Charan par ses tromperies envers Laban, infirme, livré au courroux de son frère, abandonné par Dieu). Avons-nous passé par une telle heure de crise et de désespoir? Qu'a pu penser Jacob? «Je ne te laisserai pas aller avant que tu ne m'aies béni.» Quelle est la signification de ce cri de détresse pour Jacob? Ce n'est plus l'ange qui lutte avec lui, mais Jacob qui lutte et qui supplie. «Il lutta avec l'ange et il sortit vainqueur, il pleura et le supplia» (Osée 12:5). Qu'a-t-il dû abandonner pour prendre cette nouvelle attitude? Quelle seule arme lui reste? (La promesse que Dieu lui a faite: «Cette terre, je te la donnerai, je suis moi-même avec toi, je te ferai revenir dans cette région, je ne t'abandonnerai pas».)

Application pour nous

«Quel est ton nom»? Quelle est la signification du nom en Orient, dans la Bible? (C'est l'essence même de la personnalité de quelqu'un.) Que signifie Jacob? Ce qui empêche donc Dieu de le bénir, ce n'est pas ce qu'il a fait, mais ce qu'il est: trompeur.

Pour nous: reconnaître que l'échec de notre vie a sa source, non dans nos actes, mais dans notre nature pécheresse. Dieu peut pardonner à Jacob ce qu'il a fait, non ce qu'il est. Il ne peut donc le bénir. Jacob a perdu: il n'a plus d'argument, plus de confiance en lui, plus d'espoir. A ce moment-là, Dieu peut intervenir. S'il ne peut bénir Jacob, il peut le supprimer: «Tu ne t'appelleras plus Jacob». Jacob, le supplanteur, est mort (cf. Galates 2:20). «Tu t 'appelleras Israël» (= Dieu règne). C'est ce que Jacob ne connaissait pas et qu'il a besoin d'apprendre; Avons-nous passé par ce changement de nature? «Et il le bénit là». Pourquoi Dieu peut-il le bénir maintenant? Que signifie le nom que Jacob donne à ce lieu (v. 31)? De quoi Jacob a-t-il été guéri? Quels changements pouvons-nous relever dans sa vie après Péniel? Quelle est sa nouvelle attitude (Gen. 49:18)?

LA SIGNIFICATION DE SON ÉVOLUTION POUR NOUS

Jacob avant Péniel: compte sur ses propres ressources (raison, ruse, habileté), se met en avant (30:26, 33, 38-41), s'irrite lorsqu'on méconnaît ses droits (Genèse 31:36). Le MOI domine sa vie. Ce qui lui manque: la dépendance confiante de Dieu (cf. Jean 5:30; 7:28; 14:28), le règne de l'Eternel sur sa vie.

La crise: prise de conscience de sa nature, confiance dans la promesse divine (repentance – foi). Cette crise pour nous peut être la conversion ou une expérience spirituelle marquante après la nouvelle naissance. Par exemple: J. Penn-Lewis raconte une telle crise après sa conversion: «Je vis devant moi une main tenant une poignée de haillons sales: Voici le fruit de ton service pour Dieu. Cependant, Seigneur, je me suis donnée à toi, dis-je, et je t'appartenais durant toutes ces années passées. Mon travail a été pour toi. – Oui, mon enfant, mais tout ton service, c'est toi, le Moi consacré, le fruit de ton énergie propre, de tes plans personnels pour gagner les âmes, de ta propre piété. Tout pour moi, je l'accorde; et cependant: toi.»

Puis j'entendis une voix: «Crucifiée mais revêtue du Saint-Esprit. La croix conduit à l'Esprit et l'Esprit ramène à la croix… Dieu ne donne pas sa puissance au vieil homme, mais à ceux qui sont crucifiés» (J. Penn-Lewis, *La Croix du Calvaire et son message*, pp. 54 - 57).

UN TYPE DU CHRIST DANS L'ANCIEN TESTAMENT

En considérant de près la vie de certains hommes de l'ancienne alliance, on a découvert des analogies frappantes avec la personne et l'œuvre de Jésus-Christ. On dit qu'ils étaient des types (de *tupos* = empreinte) du Messie. (Le premier sens du mot type en français était «modèle, symbole».) Ainsi Isaac, fils bien-aimé d'Abraham, né de manière miraculeuse, sacrifié sur le mont Morija et recouvré par une sorte de résurrection, préfigure deux aspects essentiels de la vie de Jésus. Moïse, en tant que prophète, c'est-à-dire, porte-parole de Dieu, annonçait celui qui transmettra parfaitement les paroles que Dieu lui donnera (Jean 17:8). Moïse lui-même fut averti du caractère préfiguratif de son ministère (Deutéronome 18:15-18). David, roi légitime persécuté par l'usurpateur du trône nous fait penser au Christ, roi en butte aux attaques du prince de ce monde. Sa souffrance s'exhalait dans des psaumes que le Messie souffrant a expressément cités comme prophétisant cet aspect de son ministère. L'auteur de l'épître aux Hébreux nous montre en Melchisédek un type du Christ.

JOSEPH: TYPE DU CHRIST

Le type le plus complet de l'Ancien Testament est certainement Joseph. En confrontant les citations de la Genèse avec des versets du Nouveau Testament se rapportant au Christ, vous serez frappé de l'analogie:

Genèse 37:4	Jean 15:24
Genèse 37:13	Luc 20:13
	Hébreux 10:7
Genèse 37:8	Luc 19:14
Genèse 37:18	Luc 20:14
	Matthieu 27:1
Genèse 37:23	Matthieu 27:28
Genèse 37.28	Matthieu 26:15

Pour les hommes, Joseph est mort («il en est un qui n'est plus», diront ses frères de lui plus tard). Les frères croient en être débarrassés. Or leur crime devient, par la grâce de Dieu, le moyen de leur salut – tout comme la crucifixion de Jésus-Christ deviendra la source du salut des hommes. Mais entre l'épisode du fils bien-aimé du père et celle du souverain omnipotent de l'Egypte, s'intercale pour Joseph, une période douloureuse qui préfigure différents autres aspects de la vie terrestre du «Serviteur de l'Eternel» et de ses souffrances.

Il fut un serviteur fidèle dans la maison de Potiphar: «Le Fils de l'homme n'est pas venu pour se faire servir, mais pour servir lui-même» (Matthieu 20:28).

«L'Eternel fut avec Joseph» (Genèse 39:21-23). «Je ne suis pas seul, puisque le Père est avec moi» (Jean 16:32).

Dieu bénit Potiphar à cause de lui: Genèse 39:5, (cf.

Ephésiens 1:3). Mais Joseph ne récolte qu'ingratitude: il est accusé à tort (Genèse 39:17 – cf. Matthieu 26:59). Il souffre injustement (Genèse 39:20 – cf. Jean 19:1; Matthieu 27:29). Son malheur ne l'aigrit pas, il témoigne de la bonté aux autres captifs, mais ne rencontre là aussi que des ingrats (Genèse 40:23 – cf. Luc 17:18). Jusque dans ce détail des deux malfaiteurs enfermés avec lui dont l'un est sauvé et l'autre perdu, la vie de Joseph fait penser à celle du Christ.

Mais Dieu ne l'oublie pas en prison: Genèse 41:14 – cf. Actes 2:24, 27, 32.

Toute puissance lui est donnée: Genèse 41:40-44; Matthieu 28:18; Romains 14:9; I Corinthiens 15:27; Philippiens. 2:8-11.

Par cette élévation, il devient le Sauveur des Egyptiens qui l'ont maltraité injustement et des frères qui l'avaient vendu: Genèse 45:4-8.

La vie de Joseph a été comme l'ombre vivante qui précède un visiteur: nous ne voyons pas encore la personne, mais sa silhouette dessine ses contours et ses mouvements, ainsi nous pouvons deviner qui vient nous voir.

POURQUOI CE TYPE?

Pourquoi Dieu a-t-il imprimé certains caractères de la vie de son Fils dans celle de Joseph? N'a-t-il poursuivi qu'une intention prophétique pour esquisser, par un exemple vécu plutôt que par de simples paroles, les contours généraux de la vie du Messie? Mais, rien dans l'Ancien Testament ne relève cette intention et l'énigme nous est seulement devenue déchiffrable grâce à la clé, c'est-à-dire à la vie de Jésus-Christ. Autant dire que l'ombre est désormais inutile puisque nous avons la réalité elle-même. A-t-elle servi aux Juifs? Comment expliquer alors que le trait essentiel de cette prophétie vécue: la souffrance du serviteur de l'Eternel, fut pour eux une occasion de chute et un motif de rejet du Messie?

Pourquoi donc cette image du Christ fut-elle imprimée si profondément et si douloureusement dans la vie de Joseph?

En créant l'homme, Dieu l'a voulu à son image. L'homme a laissé brouiller cette ressemblance en ouvrant la porte au péché.

Pour retrouver le portrait de Dieu sous forme humaine, il nous faut regarder au Christ: «Il est l'image du Dieu que nul ne voit» (Colossiens 1:15), «le rayonnement de la gloire de Dieu et l'expression parfaite de son être» (Hébreux 1:3; cf. Jean 1:9). C'est pourquoi Dieu a prédestiné tous les élus «à devenir conformes à l'image de son Fils» (Romains 8:29). Plus un homme se rapprochera donc de la réalisation parfaite de sa vocation, plus il ressemble au Christ – comme, inversement, plus nous serons semblables au Christ, plus nous nous rapprocherons de la perfection humaine. Aussi n'est-il pas étonnant que les hommes qui se sont laissé le mieux façonner par Dieu aient porté quelques marques de l'image du Christ dans leur vie, car Dieu travaille toujours sur le même modèle: son Fils.

Quel moyen utilise-t-il pour nous façonner? Il nous fait suivre le même itinéraire qu'il a fait parcourir à son Fils. La personne du Christ est la révélation de Dieu (Jean 1:18; 14:9) et de la perfection humaine destinée à tout homme. Sa vie nous montre le chemin pour atteindre cette perfection: «Je suis le chemin… Celui qui me suit ne marchera pas dans les ténèbres» (Jean 8:12). C'est pourquoi Joseph a dû reproduire la vie du Christ, non en la jouant comme un acteur, mais en la vivant. Et dans cette vie, la souffrance n'a pas pu lui être épargnée – pas plus qu'elle n'a été épargnée à Jésus-Christ. Elle n'est pas un incident de route imprévu et fâcheux, elle constitue l'essence même du chemin. Elle a été pour le Fils le moyen de parvenir à la perfection: lire Hébreux 2:10; 5:8-9.

LA PRÉPARATION DU SERVITEUR DE DIEU

La perfection est le but fixé par Dieu pour tout homme; la souffrance est le moyen de l'atteindre. Cette perfection d'un homme, pourtant, n'est pas l'objectif final de Dieu, elle doit rejaillir sur les autres qui, eux aussi, doivent porter l'image du Fils de Dieu pour qu'ensemble ils reflètent, tel un miroir à facettes multiples, sa perfection infiniment variée. C'est l'une des raisons d'être de l'Eglise. Le but final de Dieu est, non l'individu, mais le peuple de Dieu.

Or ce peuple, du temps de Joseph, était représenté par l'en-

semble des fils de Jacob. Tableau lamentable: divisions, que-
relles, jalousies, haine, mensonge, avarice, déloyauté et cruauté
envers leur vieux père, meurtre, sensualité… un tableau fidèle de
l'homme irrégénéré. Même si Jacob avait passé par l'expérience
de la croix à Péniel, ses fils n'illustrent que trop bien le principe
énoncé par Jésus: «ce qui naît d'une naissance naturelle, c'est la
vie humaine naturelle» (Jean 3:6).

Pour conduire ce «peuple» vers la perfection, Dieu prend
l'un d'entre eux à part: il donne à Joseph une révélation de la mis-
sion qu'il lui confiera. Joseph est-il prêt à remplir cette vocation?
Nullement. Plein d'orgueil, il va raconter ses rêves à ses parents
et à ses frères. Avant de pouvoir devenir l'instrument du plan de
Dieu, il doit passer par l'école de souffrance. Il faut que la croix
soit plantée bien profondément dans sa vie pour faire mourir en
lui son «vieil homme» orgueilleux et pharisaïque.

Joseph avait eu une vision du but, mais avant qu'elle se
transforme en réalité, le divin sculpteur devra faire tomber de ce
bloc difforme maints éclats pour qu'apparaissent les traits du
«Sauveur de ses frères». Sa vision correspondait à ce qu'on appelle en photo la phase d'impression: rien ne distingue, à l'œil, un
film impressionné d'un autre. La vision du but ne transforme pas
notre vie. Pour que l'image apparaisse sur le film, il devra être
plongé dans divers bains qui attaquent, rongent et transforment
les plages exposées à la lumière. Au fur et à mesure que la croix
fait son œuvre dans la vie de Joseph – dans notre vie – qu'elle
attaque, ronge et transforme tout ce qui a été exposé à sa lumière, l'image du Christ apparaît.

Nous pouvons suivre pas à pas cette œuvre de transformation en Joseph: il n'aurait, certes, jamais imaginé ce moyen de
changer ses rêves en réalité, mais il se courbe sous la puissante
main de Dieu. Il accepte docilement les épreuves et apprend
l'obéissance et le détachement. Dans la prison, il ne reste plus
rien de sa mentalité de «fils à papa», fier de sa vertu et de ses révélations. Dieu a tout brisé: pauvre, étranger, prisonnier, maltraité.
Mais Joseph, au lieu de s'aigrir dans l'épreuve, s'ouvre à la bonté
de Dieu qui le pénètre et l'imprègne. Il ne reste pas rivé à lui-
même, à son malheur injuste. Il se tourne vers les autres pour les

aider: «Le lendemain matin, quand Joseph se rendit auprès d'eux, il remarqua qu'ils étaient soucieux. Joseph demanda donc aux hauts fonctionnaires du pharaon qui se trouvaient en prison avec lui dans la maison de son maître: Pourquoi avez-vous cet air sombre aujourd'hui?» (Genèse 40:6, 7). C'est un homme dans lequel la croix a déjà accompli une transformation positive. Mais «il faut que la patience accomplisse parfaitement son œuvre». Pendant deux ans encore Joseph restera dans sa prison. Il expérimentera jusqu'au bout combien il est décevant de placer sa confiance en l'homme (Genèse 40:23).

Lorsque l'heure de Dieu sonnera (Genèse 41:14), il est prêt à être l'instrument divin auprès du souverain le plus puissant du monde. Sa réponse au pharaon (41:16) révèle ses dispositions intérieures; son attitude envers ses frères (45:5-8, 13-15) montre que la ressemblance au Fils de Dieu est devenue réalité dans sa vie.

UN LIVRE POÉTIQUE

LE CANTIQUE DES CANTIQUES

Pour comprendre un verset de certains livres poétiques (Job, Ecclésiaste, Cantique des cantiques), il faut connaître l'argument général du livre sous peine de faire dire à la Bible le contraire de son message. En effet, si nous isolons certaines paroles de l'Ecclésiaste, en oubliant qu'elles marquent une étape dans sa recherche de la vérité, nous pouvons les prendre comme devise d'une vie consacrée à la jouissance (par ex. 2:24; 3:12).

Les amis de Job viennent lui apporter leurs consolations dans l'épreuve qui l'a frappé mais, à la fin du livre, Dieu parlera de leur «folie» et dira qu'ils n'ont pas parlé de lui «avec droiture» (Job 42:8). Nous ne pouvons donc pas citer tout simplement leurs paroles comme «paroles de Dieu».

Il en est de même du Cantique des cantiques. Chaque phrase s'intègre dans un tout, et c'est à la lumière de l'ensemble qu'il nous faut interpréter les différents versets. Quelle est la signification de ce livre?

QU'EST-CE QUE LE CANTIQUE DES CANTIQUES?

Lorsque nous avons lu la première fois le Cantique des cantiques, nous nous sommes certainement posé différentes questions: Que fait ce livre dans la Bible? Quelle est sa nature: poème d'amour, cantique de mariage, drame, allégorie? Faut-il chercher un sens symbolique derrière ces paroles énigmatiques?

Que représentent les différents personnages? Quelle est la signification de leurs paroles pour nous chrétiens occidentaux du 21ème siècle? Toutes ces questions sont légitimes et nous essaierons d'y répondre brièvement.

QUE FAIT CE LIVRE DANS LA BIBLE?

Il y est. C'est un fait. Son appartenance au recueil des écrits n'a pratiquement pas été contestée, ni par les Juifs, ni par les chrétiens. On lui faisait même une place de choix dans la synagogue: il était lu en entier le jour de la Pâque. La tradition juive le considérait comme le «lieu très saint de l'Ecriture». Il devait donc être plus qu'un poème d'amour profane ou un cantique de mariage. Quelle est la nature du livre?

C'est une sorte de pièce dramatique destinée à être lue (les Hébreux n'avaient pas de théâtre). Il raconte un épisode de la vie de Salomon. Mais, derrière les personnages de ce drame, se cache une réalité spirituelle qu'il nous faut découvrir.

La suscription du livre (1:1) attribue ce poème au roi Salomon réputé dans tout le monde oriental d'alors pour sa sagesse (cf. I Rois 10:1-3). Il était l'auteur de 3000 énigmes (I Rois 4:32). Le livre des Proverbes nous en a conservé quelques-unes. Il ne faut donc pas nous étonner du caractère énigmatique du livre entier, de certaines paroles en particulier. On peut considérer tout le Cantique comme une grande parabole dans laquelle une histoire vraie sert de symbole à des faits spirituels. Pour déchiffrer l'énigme, nous devrons donc, comme dans une parabole, essayer tout d'abord de comprendre l'histoire qui a servi de base aux applications symboliques.

L'HISTOIRE DE SALOMON ET DE LA SULAMITE

La première question que nous posons à des enfants qui viennent de lire une histoire est: combien y a-t-il de personnages? Pour le Cantique, la réponse n'est pas simple. Certains interprètes y voient deux personnages: Salomon et Sulamith, et ils lisent en filigrane, derrière leurs déclarations d'amour, le dialogue de l'âme croyante avec son Epoux céleste. Beaucoup d'exégètes actuels discernent trois personnages principaux: Salomon, la Sulamite et le berger, son fiancé, auquel la jeune fille reste fidèle malgré les tentatives du roi pour la séduire. La clé du poème se trouverait dans 6:11-12: La curiosité a poussé la jeune paysanne (1:6) à voir passer le cortège royal, elle a été remarquée par le monarque qui l'a fait amener au palais royal.

Au début du livre, la Sulamite s'entretient avec les jeunes filles du palais de Salomon qui célèbrent l'amour du grand roi (1:2-4). Elle se rend compte de sa situation (v. 4b) et soupire après son berger bienaimé (v. 7). Salomon entre. Par des paroles flatteuses (v. 9-10) et des promesses de cadeaux (v. 11), il cherche à éblouir la petite villageoise. Elle ne se laisse pas ébranler dans son amour pour le berger absent. Elle évoque le souvenir de leurs rencontres et rêve que son bien-aimé la cherche (cf. 2:1 ss.; 3:2 ss).

Acte II: Salomon insiste, il amène la jeune fille en cortège pompeux à travers Jérusalem. Les habitants de la ville expriment leur admiration (3:6-11). Après cette mise en scène destinée à briser la résistance de la jeune fille, le roi tente à nouveau de la séduire: il décrit sa beauté en termes passionnés (4:1 ss). Une nouvelle fois, elle lui échappe en tombant dans une sorte de léthargie (comme dans les ch. 2 et 3): «Je dors, mais mon cœur veille» (5:2). Dans son rêve, son bien-aimé lui parle. A son réveil, Salomon essaie une dernière fois de la séduire, il lui promet qu'elle serait sa favorite (6:8-9). La Sulamite essaie de se remémorer comment elle est arrivée là (6:11-12). Le roi, constatant son échec, lui rend sa liberté. L'acte III décrit le triomphe après la lutte: la Sulamite est retournée dans son village. Elle a retrouvé son berger dormant sous un pommier, elle chante l'amour, fort comme la mort, qui l'a fait triompher des séductions du roi (8:7b) Son bien-aimé parle une seule fois, à la fin, pour demander à sa fiancée un chant pour ses amis.

LA SIGNIFICATION DE L'HISTOIRE

Elle est multiple. Le poème exalte en premier lieu la fidélité de l'amour dans l'épreuve: les promesses mirifiques du souverain le plus séduisant n'ont pu ébranler l'amour de la Sulamite pour son humble berger. Cependant, il est évident que cette seule signification n'aurait pas conquis au livre sa place dans le recueil des écrits sacrés.

Un deuxième sens, symbolique, se lit assez facilement sous l'histoire. Il a pu être voulu par Salomon lui-même. Réfléchissant sur l'aventure dans laquelle il vient de jouer un rôle peu glorieux, il a pu se demander si elle ne contenait pas pour lui une sorte d'avertissement sur le rôle qu'il jouait auprès d'Israël. La nation élue de Dieu était, jusque-là, un peuple pauvre, campagnard, sans importance terrestre au milieu des autres petits peuples du Moyen-Orient, en somme, comme la Sulamite, une petite campagnarde heureuse avec son divin Berger. Mais la curiosité – et le désir de gloire – a poussé Israël «parmi les chars d'un cortège royal»: il a demandé un roi comme les autres peuples. Et voilà que ce roi s'élève en gloire, sa cour devient fastueuse, il essaie de séduire la nation campagnarde pour en faire un peuple de courtisans, de conquérants, de dominateurs. Quelle voix sera écoutée par Israël? Celle du divin Berger qui l'appelle à vivre une vie cachée avec lui, loin du faste et de la gloire mondaine, ou celle de Salomon qui, par l'apparat extérieur, l'entraîne dans son luxe vers la domination? Le peuple choisira-t-il la fausse gloire visible ou l'attachement à Celui qui refuse tout moyen charnel pour l'attirer à lui? Préférera-t-il, à l'éclat visible et présent, la gloire de Celui qui ne fait entendre sa voix qu'à travers celles des prophètes et qui n'apparaîtra visiblement qu'à la fin de l'Histoire sur la scène de l'humanité?

Supposer que Salomon ait pu voir ce conflit et le présenter au peuple dans cet écrit où il joue doublement le séducteur, c'est penser qu'il était assez grand pour s'élever au-dessus de lui-même et s'apprécier, lui et son rôle, avec une parfaite objectivité. A cette première application symbolique se rattachent les énigmes de la fin du livre et certaines paroles difficiles à expliquer autrement (ex. 2:15).

Une deuxième application symbolique se dégage aisément de la première: chaque croyant israélite se trouvait engagé dans le même choix entre la fidélité à Dieu et l'appel de la grandeur terrestre. Cette même application est encore valable pour le chrétien. D'un côté: Dieu, l'éternel Absent qui n'apparaît que dans des visions intérieures, qui habite sur les montagnes parfumées et possède beauté accomplie, liberté infinie et sagesse parfaite. Le Bon Berger – comme Jésus lui-même s'est présenté – n'a rien à offrir de glorieux ici-bas mais, un jour, il apparaîtra sur la scène de l'histoire pour récompenser ceux qui auront fidèlement tenu leur serment d'amour. D'un autre côté: Salomon, le monde, la grandeur selon la chair, la force, la richesse et la gloire visible. Entre les deux, le croyant se trouve engagé dans l'épreuve: restera-t-il fidèle au Berger pauvre et absent, devant la sollicitation des plaisirs et des honneurs d'ici-bas?

Le monde aussi nous prodigue parfois son admiration («avec vos talents...») et nous comble de promesses («vous serez heureux, libre, tranquille»,) il essaie de nous séduire par ses démonstrations de grandeur (comme Salomon par son cortège): déploiement de luxe, parade du nombre, faste de ses solennités. «Ce qui est en haute estime parmi les hommes, Dieu l'a en horreur» (Luc 16:15). «Tout ce qui fait partie du monde: les mauvais désirs qui animent l'homme livré à lui-même, la soif de posséder ce qui attire les regards, et l'orgueil qu'inspirent les biens matériels,» (1 Jean 2:16) conjuguait ses efforts pour séduire la Sulamite. Où trouvait-elle la force d'y résister? Dans le souvenir de son ami, dans les entretiens intérieurs avec lui et dans le rappel de sa beauté et de ses perfections. C'est à ces mêmes sources que nous pourrons puiser pour tenir ferme contre les assauts du monde: dans le souvenir de notre divin Ami, de tout ce qu'il a fait pour nous arracher à cette génération perverse et corrompue, du sang qu'il a versé pour nous racheter de «la manière futile de vivre que vous ont transmise vos ancêtres», dans les entretiens avec lui (la prière) et dans l'adoration de ses perfections. Dans cette communion invisible avec lui, nous verrons pâlir les attraits du monde (I Jean 2:17).

«L'amour est fort comme la mort» (Cantique des cantiques 8:6): par amour pour nous Jésus a passé par la mort de la croix–notre amour pour lui peut nous permettre d'affronter la même mort pour lui garder notre foi. Son amour n'est pas possessif comme celui du monde, il est désintéressé, il ne demande rien pour lui, sinon un chant, c'est-à-dire la louange et l'adoration. Et encore ce n'est pas pour lui, c'est pour ses «amis» (8:13), pour les légions célestes auprès de qui nos louanges le glorifient.

5

SONDEZ
LES
ÉCRITURES

«Ta Parole est un beau jardin» dit un cantique. Image suggestive. Ce qui caractérise un beau jardin c'est la variété: légumes, fleurs, fruits y alternent. Il y en a pour tous les besoins et tous les goûts: nourriture consistante ou facile à digérer, rafraîchissante ou tonifiante. Certains produits du jardin peuvent se consommer immédiatement, d'autres demandent une assez longue préparation et cuisson. Les uns se mangent par quantités, les autres servent à assaisonner les premiers et s'emploient parcimonieusement. Quelques-uns sont indispensables au maintien de notre vie et de notre santé, d'autres contribuent à notre agrément ou à notre bien-être: fleurs multicolores, framboises, fraises des quatre-saisons...

La Parole de Dieu nous offre la même variété. «Sagesse infiniment variée de Dieu...» Si nous sommes sous-alimentés ou si nous avons perdu goût à la lecture de la Bible, ne serait-ce pas parce que nous nous contentons d'exploiter toujours les mêmes parcelles de notre immense jardin?

Nous avons essayé, dans ce livre, d'explorer quelques recoins moins connus de ce vaste domaine que Dieu met à notre disposition. Il y en a bien d'autres, et dans ceux que nous avons abordés, nous n'avons fait que grappiller quelques fruits par-ci, par-là.

A vous de partir «à la découverte de la Bible» et de cultiver tout votre jardin. Par sa lecture quotidienne et sa méditation assidue, vous vous rendrez vite compte qu'elle est la plus passionnante et la plus tonifiante de toutes les lectures.

Il y a cependant encore bien davantage à découvrir. Votre domaine est plus riche qu'une vue superficielle ne le laisserait soupçonner. En effet, si le sol en est particulièrement fertile, le sous-sol recèle également des trésors bien précieux. Les richesses minières, cependant, sont plus difficilement accessibles: leur exploitation demande une technique, un équipement et un effort persévérant. De plus, elle n'est jamais l'ouvrage d'un homme isolé. Si nous jouissons aujourd'hui des bienfaits de la civilisation, c'est parce que des générations d'hommes ont creusé le sol pour y chercher les minerais et les combustibles qui nous permettent de bâtir, de nous chauffer et de nous déplacer. Sans leurs efforts conjugués et continus, nous en serions encore à l'âge de la pierre.

Il en va de même des trésors cachés de la Parole de Dieu. Jésus parle de «sonder les Ecritures» c'est-à-dire de creuser sous la surface, d'aller en profondeur. La lecture et la méditation de la Parole de Dieu sont suffisantes pour nourrir notre piété personnelle. Elles ne le sont plus pour élaborer une vision de l'avenir et un système de pensée cohérents et capables de tenir tête à l'assaut des philosophies et des idéologies du monde contemporain. Si nous voulons acquérir une vue d'ensemble du plan de Dieu et de sa volonté pour nous, si nous voulons connaître exactement l'enseignement des prophètes de Jésus et des apôtres, si surtout nous voulons transmettre à d'autres les précieuses vérités contenues dans la Parole de Dieu, alors il nous faut entreprendre son étude plus systématiquement en nous aidant des techniques et des outils élaborés au cours des siècles par ceux qui ont, avant nous, sondé les Ecritures. Si nous voulons communiquer à d'autres les enseignements de la Bible, il nous faut connaître les meilleures méthodes d'étude biblique en commun.

«COMMENT ÉTUDIER LA BIBLE?»

Tel sera le titre du livre suivant dans lequel nous examinerons:

– les techniques et les méthodes d'étude biblique
– les instruments de travail et les auxiliaires de l'étude biblique
– l'étude de la Bible en commun.

Quelles sont les techniques qui faciliteront l'étude de la Bible?

Certaines d'entre elles sont fort simples, telle l'utilisation constante des «six fidèles serviteurs»: Où? quand? qui? quoi? comment? pourquoi? D'autres, comme la méthode inductive, exigent l'application d'une progression méthodique dans l'analyse du texte: observation, interprétation, application. Pour l'interprétation des passages difficiles, les exégètes ont établi un certain nombre de règles dont nous aurons intérêt à nous servir, si nous ne voulons pas nous égarer dans des explications plus au moins fantaisistes. Le nombre des techniques est pratiquement illimité: étude structurale des phrases, analyse historique, psychologique, sociologique, étude d'un thème dans un chapitre ou un livre, étude d'un aspect particulier du message biblique: promesses, commandements, prières, miracles...

De quels instruments de travail disposons-nous pour faire ces études ou pour les faciliter?

1. La Bible elle-même, qui se présente à nous dans différentes versions.

Quelles sont les caractéristiques de chacune d'elles et l'intérêt qu'elles offrent pour notre travail?

2. Les concordances, index et dictionnaires bibliques. Quels renseignements nous apportent-ils? Comment s'en servir pour en tirer le maximum de profit?

3. Les commentaires. Quelle utilité peuvent-ils avoir? Que faut-il en attendre – et ne pas en attendre? Comment les choisir?

4. Les atlas bibliques, les ouvrages d'introduction et autres livres. Lesquels sont les plus utiles? Quels sont leurs avantages et leurs inconvénients?

COMMENT ÉTUDIER LA BIBLE EN COMMUN?

La Bible a été donnée, non à des individus isolés, mais à la communauté du peuple de Dieu. Aussi avons-nous intérêt à chercher ensemble à comprendre son message. L'étude biblique collective obéit à des règles qui lui sont particulières. Ces dernières années, elle a été enrichie par les recherches faites dans d'autres secteurs, en particulier celui de la dynamique des groupes. Nous donnerons, dans ce cahier, quelques indications sur la manière de préparer et de conduire une étude biblique, surtout en vue de l'étude par petits groupes. Nous aborderons également d'autres formes du ministère de la parole: préparation d'un message d'évangélisation et d'un message d'édification.

Lorsqu'on a découvert les joies que nous procurent la lecture et la méditation de la Parole de Dieu, on ne peut pas s'arrêter à mi-chemin. Tout naturellement on a envie d'aller plus loin et d'accéder aux «trésors cachés» qu'elle recèle. Et lorsqu'on a trouvé tant de richesses si précieuses, on ne peut les garder pour soi: il faut les partager avec d'autres.

L'homme qui avait trouvé le trésor caché dans son champ «va vendre tout ce qu'il a pour acheter le champ». Le marchand qui cherche de belles perles fait de même lorsqu'il a trouvé la perle de grand prix. Il se peut que si nous voulons régulièrement lire et méditer la Bible, et surtout si nous voulons l'étudier et communiquer nos découvertes à d'autres, il nous faille «vendre» un certain nombre d'occupations et de loisirs auxquels nous tenons peut-être. Le trésor en vaut la peine et nous comprenons que l'homme alla vendre ce qu'il possédait auparavant «débordant de joie» (Mat. 13:44). «Tout cela, je vous le dis pour que la joie qui est la mienne vous remplisse vous aussi, et qu'ainsi votre joie soit complète» (Jean 15:11). «Si nous vous écrivons ces choses, c'est pour que notre joie (votre joie) soit complète» (I Jean 1:4).

En nous donnant sa Parole, Dieu voulait nous communiquer sa joie. Plus nous connaîtrons cette Parole, plus nous découvrirons la joie profonde et durable que nul ne pourra nous ravir.

TABLE DES MATIÈRES